Les cahiers d'**exercices**

Portugais

Intermédiaire

Lisa Valente Pires

À propos de ce cahier

Vous possédez déjà un bon niveau en portugais et souhaitez approfondir vos connaissances de façon pratique et efficace tout en vous amusant ? Alors, ce cahier sera votre meilleur allié !

Cet ouvrage s'inscrit dans la continuité du cahier d'exercices *portugais faux-débutant* : il vous permettra de consolider vos acquis, d'une part, et d'élargir vos connaissances, d'autre part, avec une méthode progressive et structurée. Il se divise en 17 chapitres thématiques qui abordent diverses compétences langagières et des savoir-faire précis pour s'exprimer, communiquer et rédiger en portugais (équivalents des niveaux B2-C1 du CECRL).

Chaque chapitre se compose de leçons, banques de mots et d'exercices, tout en étant ponctué d'éléments culturels. On y travaille aussi bien la langue orale qu'écrite. Les leçons vous donnent des explications claires et accessibles sur la grammaire, la conjugaison, la phonétique ou sur des savoir-faire (rédiger une lettre de motivation, vouvoyer en contexte professionnel, exprimer des hypothèses, rapporter des propos…). Les banques de mots sont à votre disposition afin que vous puissiez enrichir votre vocabulaire au fur et à mesure. Enfin, avec plus de 190 exercices, ludiques et variés, vous mettrez en pratique toutes ces connaissances et les assimilerez d'autant mieux ! À la fin de l'ouvrage, vous trouverez aussi un tableau de conjugaison récapitulatif.

Finalement, ce cahier vous permettra d'effectuer votre autoévaluation : après chaque exercice, consultez les solutions puis dessinez l'expression de vos icônes (☺ pour une majorité de bonnes réponses, 😐 pour environ la moitié et ☹ pour moins de la moitié). À la fin de chaque chapitre, reportez le nombre d'icônes relatives à tous les exercices et, en fin d'ouvrage, faites les comptes en reportant les icônes des fins de chapitre dans le tableau général prévu à cet effet.

Bom trabalho! Bon travail !

Sommaire

1. S'exprimer en contexte professionnel 3
2. Correspondance écrite 13
3. Rédiger un courrier formel 21
4. Entretien d'embauche et recrutement 27
5. Modification et contraction des pronoms compléments 33
6. Futur et conditionnel 43
7. Mésoclise 51
8. Gérondif et formes progressives 56
9. Équivalents de *on* 65
10. Formation des mots dérivés 71
11. Mots composés et leur pluriel 78
12. Plus-que-parfait simple de l'indicatif 84
13. Futur du subjonctif (1) 90
14. Futur du subjonctif (2) 95
15. Passé et plus-que-parfait du subjonctif 101
16. Discours direct et indirect 107
17. Portugais d'Afrique 114
Tableaux de conjugaison 120
Solutions 121
Tableau d'autoévaluation 128

S'exprimer en contexte professionnel

O currículo, *le curriculum vitae*

Le *curriculum vitae* est incontournable dans le monde du travail. Vous pouvez le joindre à votre courrier lorsque vous postulez à un emploi ou si vous souhaitez intégrer une formation. Le CV portugais est dans la tendance actuelle : il se veut clair, concis, impactant, et doit retracer les grandes lignes de votre parcours de formation, décrire vos expériences professionnelles ainsi que vos compétences et centres d'intérêt. Il est préférable d'adapter votre CV au poste recherché mais, dans tous les cas, il comportera les rubriques suivantes.

- Tout d'abord, les **dados pessoais** ou **dados de contacto**, *données personnelles* comprennent vos prénom, nom, adresse, numéro de téléphone et e-mail. **Tel.** et **tlm.** sont les abréviations pour **telefone** et **telemóvel**, *téléphone portable*.

- La rubrique **formação académica**, *formation académique,* liste les cursus que vous avez suivis, vos diplômes, leur date d'obtention, ainsi que les établissements dans lesquels vous avez étudié.

- Les emplois actuels ou passés et les stages sont décrits dans la rubrique **experiência profissionnal**, *expérience professionnelle,* et mettent en avant vos **competências** ou **habilidades**, *compétences*.

- Pour les **línguas/idiomas**, *langues*, vous pouvez indiquer si vous avez un niveau **principiante**, *débutant*, **intermédio**, *intermédiaire*, **fluente**, *courant*, **avançado**, *avancé*, ou encore si vous êtes **bilingue**, *bilingue*, ou **poliglota**, *polyglotte*. Les *certifications* en langue (**certificados**) peuvent également y apparaître.

- Vos connaissances en **informática**, *informatique*, montreront les logiciels que vous savez utiliser.

- Enfin, vos **interesses**, *centres d'intérêt*, permettront au recruteur de mieux cerner votre personnalité.

CHAPITRE 1 : S'EXPRIMER EN CONTEXTE PROFESSIONNEL

Benjamim RAPOSO

DESIGNER GRÁFICO

Rua da Vitória, n.°31
2870-127 Montijo – Portugal
.... : +351 916 310 722
email: benjamim.raposo@sapo.pt
28 anos, carta de condução

Designer gráfico, freelance
- .... gráficas para livros infantis
- Desenvolvimento de folhetos na área cultural
- Publicidades e .... digital
- Apresentações para ....

Estagiário na Agência Digimagem
- Criação de peças publicitárias
- Design e divulgação em redes ....

Escola de Design, Lisboa / Licenciatura em design e produção ....
Escola secundária, Montijo / Curso de Artes ....

Português língua materna   **Crioulo caboverdiano** bilingue
Inglês nível ....   **Francês** nível básico

Gosto pelas artes   pintura, fotografia, exposições
Prática ....   natação e hóquei em patins

CHAPITRE 1 : S'EXPRIMER EN CONTEXTE PROFESSIONNEL

1. Ajoutez un titre pour chaque rubrique du CV ci-contre et replacez les termes suivants :

visuais   animação   gráfica   sociais   avançado
tlm.   realizações   desportiva   clientes

2. Répondez à ce *verdadeiro* ou *falso*, vrai ou faux, à partir des informations du profil Linkedin de Paulo.

Sou finalista de um curso de técnico em informática e procuro um primeiro emprego. Já fiz um estágio durante o qual tive missões relacionadas com o apoio à assistência, reparação de computadores e resolução de problemas de software. Sou fluente em inglês mas não tenho nenhum certificado. Sou uma pessoa dinâmica que gosta de novos desafios. Disponibilidade imediata.

	VRAI	FAUX
a. Paulo est diplômé en techniques de commercialisation.	☐	☐
b. Il vient de quitter son premier emploi.	☐	☐
c. Il recherche un stage en informatique.	☐	☐
d. Il souhaite travailler dans l'assistance informatique.	☐	☐
e. Il sait résoudre des problèmes de logiciel.	☐	☐
f. Il maîtrise deux langues étrangères.	☐	☐
g. Il aime les nouveaux défis.	☐	☐
h. Il n'est pas disponible dans l'immédiat.	☐	☐

Se présenter et parler de son parcours professionnel

Voici quelques expressions utiles pour vous présenter et parler de votre parcours professionnel.

(Eu) chamo-me... → *Je m'appelle...*
Tenho... anos. → *J'ai... ans.*
Moro em... → *J'habite à...*
Atualmente sou... → *Actuellement, je suis...*
Estou encarregado/a de... → *Je suis chargé(e) de...*
Estou no desemprego. → *Je suis au chômage.*
Estou a formar-me em... → *Je suis en train de me former en...*
Estudei... / Tirei um curso de... → *J'ai étudié... / J'ai suivi une formation de...*
Interesso-me por... / Estou interessado/a por... → *Je m'intéresse à...*
Procuro emprego no setor... → *Je recherche un emploi dans le secteur...*

CHAPITRE 1 : S'EXPRIMER EN CONTEXTE PROFESSIONNEL

Candidato-me porque... → *Je postule parce que...*
Trabalhei como... → *J'ai travaillé en tant que...*
Fiz um estágio de... / **Estagiei** como... → *J'ai fait un stage de...*
Fui... → *J'ai été...*
Encarreguei-me de... → *Je me suis chargé(e) de...*
Desenvolvi competências... → *J'ai développé des compétences...*

Remarquez l'utilisation du **présent de l'indicatif** et du **prétérit**. Si vous avez besoin de les réviser, reportez-vous aux tableaux de conjugaison à la fin de l'ouvrage.

3 Sélectionnez la forme verbale qui convient.

a. Eu **estuda** / **estudo** marketing.
b. Você **procura** / **procuro** emprego.
c. Nós **vivem** / **vivemos** em Lisboa.
d. Ela **desenvolvi** / **desenvolveu** este projeto.
e. Tu **faz** / **fazes** estudos de línguas e literatura.
f. Vocês **trabalhou** / **trabalharam** no setor automóvel.
g. Eu **estou** / **sou** licenciado em ciências da comunicação.
h. Nós **fomos** / **fizemos** um estágio.
i. Vocês **é** / **são** funcionários.
j. Você **tirei** / **tirou** um curso de biologia.

4 Mettez les verbes des phrases suivantes au prétérit.

a. Eu **candidato-me** a esta vaga. → ....
b. Tu **tiras** um curso de engenharia? → ....
c. Ele **é** empregado no setor bancário. → ....
d. Vocês **estão** no desemprego. → ....
e. Nós **temos** um novo contrato. → ....

CHAPITRE 1 : S'EXPRIMER EN CONTEXTE PROFESSIONNEL

5 **Comment se prononcent les diphtongues en bleu ?**

    a. Formação ....

    b. Tirei ....

    c. Tem ....

    d. Estudou ....

    e. Pessoais ....

6 **Reformulez la présentation de Benjamim à la première personne du singulier *eu*, *je*.**

Ele chama-se Benjamim Raposo e tem 28 anos. Atualmente é designer freelance mas procura emprego no setor publicitário. Tirou uma licenciatura em design e produção gráfica e já tem alguma experiência. Com efeito, fez um estágio na Agência Digimagem para a qual criou publicidades e onde também se ocupou do design nas redes sociais. Como designer freelance, realizou animações digitais, ilustrações para livros infantis assim como folhetos para eventos culturais. Gosta do contacto com os clientes e está à procura de novos desafios. Está disponível para realizar uma entrevista.

....
....
....
....
....
....
....
....
....
....
....

CHAPITRE 1 : S'EXPRIMER EN CONTEXTE PROFESSIONNEL

S'adresser à son interlocuteur de façon courtoise

En contexte professionnel, il est important de vouvoyer son interlocuteur avec courtoisie. En portugais, il existe plusieurs façons de vouvoyer de façon formelle.

- **o senhor/a senhora** (+ verbe à la 3e personne du singulier) qui peuvent être suivis du nom ou du prénom.
  Como está a senhora? → *Comment allez-vous (madame) ?*
  O senhor Martins vai à conferência? → *Allez-vous à la conférence, M. Martins ?*

- **os senhores/as senhoras** (+ verbe à la 3e personne du pluriel) pour vouvoyer plusieurs personnes.
  As senhoras receberam o nosso convite? → *Avez-vous reçu notre invitation (mesdames) ?*

À l'écrit, on utilise généralement les abréviations **Sr., Sra., Srs., Sras.**, notamment lorsque le nom de l'interlocuteur suit : **O Sr. Azevedo recebeu a nossa proposta?** → *M. Azevedo, avez-vous reçu notre proposition ?*

- Il est très courant d'intégrer la fonction ou le statut de son interlocuteur :
  Claro, a Senhora Diretora terá o relatório amanhã. → *Bien sûr, vous aurez le rapport demain (madame la directrice).*

Là aussi, il existe des abréviations à l'écrit. Parmi les plus courantes, on trouve **Dr./Dra.** pour **Doutor/Doutora**, un titre donné aux personnes ayant fait des études supérieures. On peut le panacher avec la fonction : **O Senhor Professor Doutor escreveu artigos muito interessantes.** → *Vous avez écrit des articles très intéressants, monsieur le professeur.*

- Pour les femmes, l'expression **a senhora dona** ou simplement **dona** suivie du prénom : **A dona Marta vai almoçar connosco?** → *Vous allez déjeuner avec nous, Marta ?*

- Enfin, il est possible de vouvoyer quelqu'un en employant simplement le verbe à la 3e personne du singulier, notamment une fois que la conversation est lancée : **Espero que esteja bem.** → *J'espère que vous allez bien.*

- **À noter :** L'emploi de **você** n'est pas à privilégier en contexte professionnel car il s'agit d'un *vous* plutôt familier. Vous pourrez éventuellement l'utiliser avec certains collègues de travail. Quant à **vocês** (*vous* collectif), son usage est possible mais les expressions **os senhores/as senhoras** sont plus courtoises.

CHAPITRE 1 : S'EXPRIMER EN CONTEXTE PROFESSIONNEL

7 À quels statuts se rapportent les abréviations suivantes ?

1. Srs. Drs.
2. Sra. Prof.ª
3. Sra. Dra.
4. Sr. Eng.

a. Senhora Professora
b. Senhor Engenheiro
c. Senhora Doutora
d. Senhores Doutores

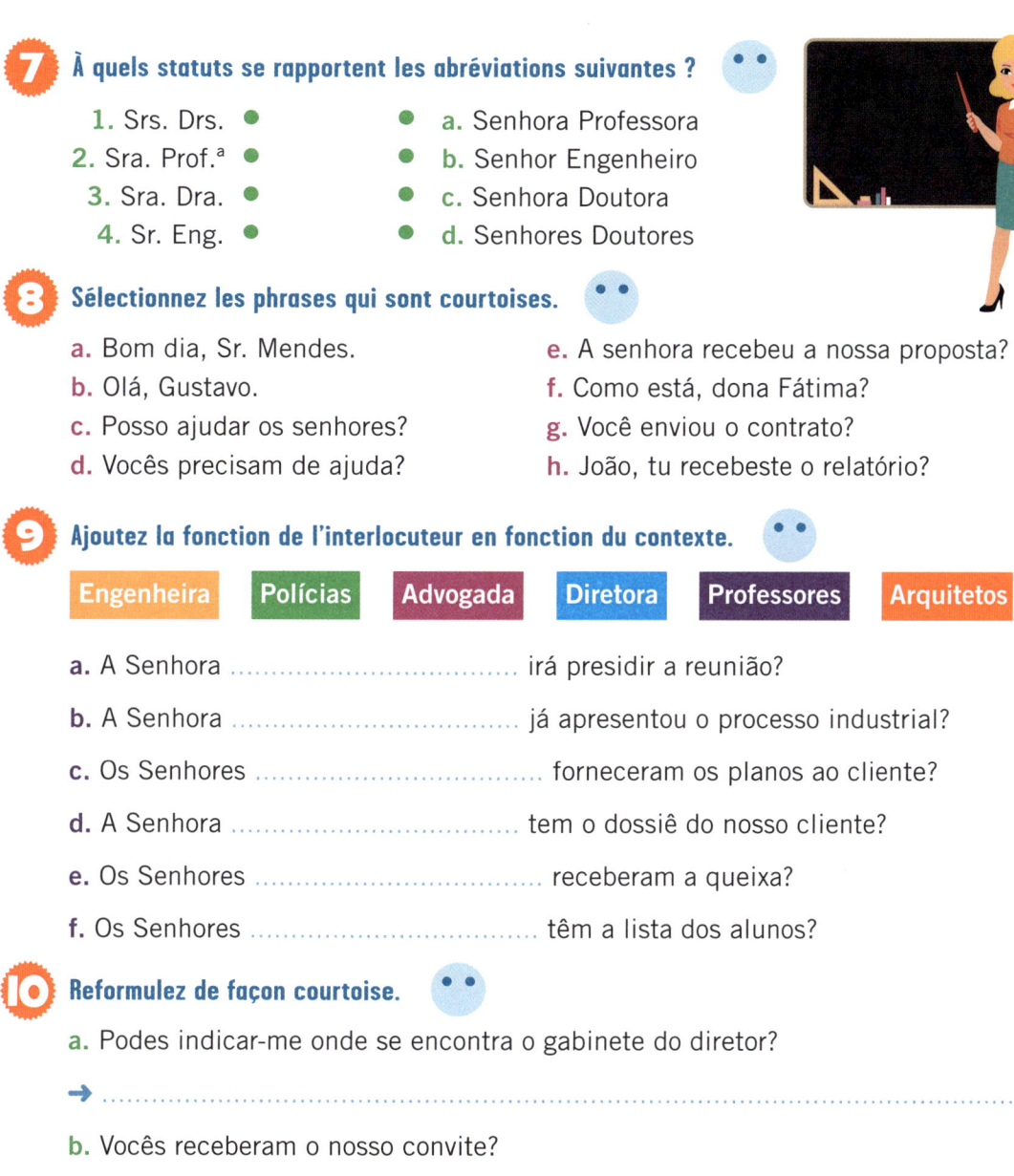

8 Sélectionnez les phrases qui sont courtoises.

a. Bom dia, Sr. Mendes.
b. Olá, Gustavo.
c. Posso ajudar os senhores?
d. Vocês precisam de ajuda?
e. A senhora recebeu a nossa proposta?
f. Como está, dona Fátima?
g. Você enviou o contrato?
h. João, tu recebeste o relatório?

9 Ajoutez la fonction de l'interlocuteur en fonction du contexte.

Engenheira   Polícias   Advogada   Diretora   Professores   Arquitetos

a. A Senhora .... irá presidir a reunião?

b. A Senhora .... já apresentou o processo industrial?

c. Os Senhores .... forneceram os planos ao cliente?

d. A Senhora .... tem o dossiê do nosso cliente?

e. Os Senhores .... receberam a queixa?

f. Os Senhores .... têm a lista dos alunos?

10 Reformulez de façon courtoise.

a. Podes indicar-me onde se encontra o gabinete do diretor?

→ ....

b. Vocês receberam o nosso convite?

→ ....

c. Liliana, você teria o formulário de adesão?

→ ....

d. Você precisa de ajuda?

→ ....

CHAPITRE 1 : S'EXPRIMER EN CONTEXTE PROFESSIONNEL

Les pronoms compléments correspondant au vouvoiement formel

Les pronoms compléments qui correspondent au vouvoiement formel sont les suivants.

	direct	indirect	indirect avec préposition (a, de, em, para, por...)	indirect avec la préposition com
3ᵉ pers. du singulier	o / a	lhe	si	consigo
3ᵉ pers. du pluriel	os / as / vos	lhes / vos	si / vocês	consigo / com vocês

Convido-o à inauguração, Senhor Pinto. → *Je vous invite à l'inauguration, monsieur Pinto.*
Caras alunas, inscrevi-as ao ateliê. → *Chères élèves, je vous ai inscrites à l'atelier.*
Agradeço-lhe muito, dona Florbela. → *Je vous remercie beaucoup, Florbela.*
É para si, Senhor Resende. → *C'est pour vous, monsieur Resende.*
É um prazer recebê-las.* → *C'est un plaisir de vous recevoir.*
Não lhe falta nada?* → *Il ne vous manque rien ?*

À noter

- À la place de **os/as** et de **lhes**, on peut aussi employer **vos** :
  Caros colegas, convido-os à conferência. / Caros colegas, convido-vos à conferência. → *Chers collègues, je vous invite à la conférence.*
  Envio-lhes o relatório. / Envio-vos o relatório. → *Je vous envoie le rapport.*

- Avec la préposition **com**, *avec*, le pronom indirect se modifie et devient **consigo**, *avec vous*, aussi bien pour un *vous* singulier que pluriel. En cas d'ambiguïté, et si l'expression **com vocês** vous semble trop informelle, vous pourrez utiliser **com os senhores/com as senhoras** pour la forme plurielle.

- *Reportez-vous au chapitre 5 pour travailler la place des pronoms et leurs modifications.

CHAPITRE 1 : S'EXPRIMER EN CONTEXTE PROFESSIONNEL

11 **Reformulez de manière courtoise.**

    a. É para você, Maria.

    → ....

    b. Não te vi, Rita.

    → ....

    c. Entro em contacto contigo em breve.

    → ....

12 **Complétez avec le pronom complément qui convient.**

    a. Caros colegas, apresentamos-............... o nosso novo parceiro.

    b. Lembro-me de ...., dona Paula. Falei-............... por telefone.

    c. Agradeço-............... esta oportunidade, Senhor Matos.

    d. Caros alunos, envio-............... os exercícios.

    e. Sim senhoras, convido-............... à inauguração.

    f. Não .... vimos na reunião de ontem, Marco.

13 **Remplacez les termes soulignés par le pronom complément qui convient parmi :**

    o   a   os   as   lhe   lhes   si   consigo

    a. O Diretor convidou os Senhores à exposição. → ....

    b. Agradecemos à Senhora a sua disponibilidade. → ....

    c. Este dossiê é para o Senhor Engenheiro. → ....

    d. Não encontrei as Senhoras na reunião. → ....

    e. Podemos combinar um encontro com a Senhora? → ....

    f. Posso oferecer um café ao Senhor? → ....

    g. Inscrevi o Senhor ao ateliê. → ....

    h. Pensei na Senhora Doutora e trouxe o relatório. → ....

    i. Sim, a secretária enviou os documentos aos Senhores. → ....

CHAPITRE 1 : S'EXPRIMER EN CONTEXTE PROFESSIONNEL

 Quels pronoms en gras pouvez-vous remplacer par *vos* ?

a. Peço-**lhes** que nos enviem os resultados para a próxima reunião.

b. Caros colegas, informo-**os** que a nossa reunião terá lugar na próxima quinta-feira.

c. Comunico-**lhe** a informação o mais rápido possível.

d. Devido a um atraso, não **lhes** poderemos entregar a encomenda hoje.

e. Sim senhora, encontro-**a** na sala 115 às 9 horas.

f. É um prazer recebê-**los**.

Complétez avec *nh* [gn] ou *lh* [lly].

a. Enge.........eiro.

b. Agradeço-.........e.

c. Se.........ora.

d. Ama.........ã.

e. Traba.........o.

f. Esco.........a.

g. Di.........eiro.

h. Co.........ecimentos.

i. O.........ar.

Bravo, vous êtes venu(e) à bout du chapitre 1 !
Il est maintenant temps de comptabiliser les icônes et de reporter le résultat en page 128 pour l'évaluation finale.

2
Correspondance écrite

Écrire une adresse

Sur l'enveloppe, on écrit l'adresse de l'expéditeur en haut à gauche et celle du destinataire, au centre légèrement à droite :

> *Lourdes Nogueira*
> *Rua da Fonte, n.º 31*
> *2715-311 Montelavar*
>
>
> *Exmo. Senhor João José Pires*
> *Rua Serpa Pinto, n.º 43*
> *2830-302 Barreiro*

Le prénom et le nom du destinataire sont précédés de l'expression **Exmo. Senhor** pour un homme, **Exma. Senhora** pour une femme et **Exmos. Senhores/Exmas. Senhoras** pour les formes plurielles. Ces expressions équivalent aux *monsieur, madame, messieurs, mesdames* français, à savoir que **Exmo(s)./Exma(s).** signifient **Excelentíssimo(s)/Excelentíssima(s)**. À la suite de cette formule, on pourra ajouter le titre ou la fonction professionnelle du destinataire sous leurs formes abrégées (**Dr.**, **Eng.**, **Prof.**, etc.).

Contrairement au français, en portugais, le nom de la rue précède le numéro (**Rua Serpa Pinto, 43 / n.°43**), puis viennent le code postal et la localité.

On indique l'étage avec les nombres ordinaux et l'appartement de gauche, de droite ou de face :

1.° = **primeiro (andar)** ➔ *premier (étage)*
2.° = **segundo** ➔ *deuxième*
3.° = **terceiro** ➔ *troisième*
4.° = **quarto** ➔ *quatrième*
5.° = **quinto** ➔ *cinquième*
Esq. = **Esquerdo** ➔ *gauche*
Dto. = **Direito** ➔ *droit*
Ft. = **Frente** ➔ *face*

Voici d'autres abréviations utilisées dans les adresses :

R. = **Rua** ➔ *rue*
Av. = **Avenida** ➔ *avenue*
Pç. = **Praça** ➔ *place*
Ed. = **Edifício** ➔ *bâtiment*
Lj. = **Loja** ➔ *magasin*
Lt. = **Lote** ➔ *lotissement*
Apart. = **Apartamento** ➔ *appartement*
r/c = **rés do chão** ➔ *rez-de-chaussée*

CHAPITRE 2 : CORRESPONDANCE ÉCRITE

1 Ces adresses de destinataires comportent des erreurs, corrigez-les !

1. Vanessa Dias
   54, rua da Alegria
   Caldas da Rainha 2500-287

2. Engenheiro Senhor Osvaldo Medeiros
   Av. Miguel Bombarda, 156-A, rdc Fr.
   2830-302 Barreiro

3. Ex Sra. Dra. Amanda Loures
   Prç. dos Caracóis, n.°4, lote 29, 2.° Dir.
   2870-133 Montijo

2 Rédigez les adresses d'Augusto et de Sandra.

Chamo-me Augusto Cordeiro. Sou doutor em direito. Moro numa casa na rua das palmeiras em Aveiro. O número da rua é o 25 e o código postal é o 3800-002.

O meu nome é Sandra da Silva. Vivo na Moita cujo código postal é o 2860-381. O meu apartamento fica na avenida Luís de Camões, no número 8. Estou no terceiro andar e é a porta da esquerda.

3 À quels termes ces définitions se rapportent-elles ?

a. Pessoa que distribui o correio. → _ _ _ T _ _ _ _

b. Pessoa que envia o correio. → _ _ _ _ _ _ N _ _

c. Verbo sinónimo de redigir. → _ _ _ _ _ _ _ R

d. Pequeno papel adesivo que serve para pagar o envio do correio. → _ _ _ _

e. Marca que aparece num envelope selado. → C _ _ _ _ _ _

CHAPITRE 2 : CORRESPONDANCE ÉCRITE

O correio, *le courrier*

caixa do correio	*boîte aux lettres*	escrever/redigir	*écrire/rédiger*
carimbo	*cachet de la poste*	mandar/enviar	*envoyer*
carta	*lettre*	pôr no correio	*poster*
carta registada	*lettre recommandée*	receber	*recevoir*
carteiro	*facteur*	remeter	*expédier*
código postal	*code postal*	selar	*affranchir*
correio eletrónico/email	*e-mail*	transferir	*transférer*
os correios	*la poste*		
destinatário	*destinataire*		
em anexo	*en pièce jointe*		
o endereço	*l'adresse*		
o envelope	*l'enveloppe*		
a mensagem	*le message*		
o postal	*la carte postale*		
remetente	*expéditeur*		
selo	*timbre*		

Attention aux faux amis !
Carta ne veut pas dire *carte* mais **lettre** et **letra** peut avoir le sens de *paroles* (d'une chanson), *écriture* ou *lettre* (d'un mot).

 Complétez avec le terme qui convient parmi *envelope*, *carta*, *postal* ou *letra* (au singulier ou au pluriel).

a. A primeira .... do nome Victoria é V.

b. Recebeste o meu .... de aniversário?

c. Enviei-lhe o contrato por .... registada.

d. A .... desta canção tocou-me muito.

e. Tens uma .... bonita e fácil de ler.

f. Havia este grande .... na caixa do correio, queres abri-lo?

g. A palavra «correio» tem 7 ....

h. Olha, os avós mandaram-te um .... do Algarve.

CHAPITRE 2 : CORRESPONDANCE ÉCRITE

5 Le SMS de Gina comporte 7 erreurs, trouvez-les et corrigez-les !

> Olá Fernando! Mando-te esta messagem para te dizer que te escrevi uma letra mas que me enganei no teu endereco e mais precisamente no codo postal. Podes falar com o carteira para saber se os correios têm recebido algo? O enveloppe é azul e tem um timbre com a Torre de Belém.

a. .... e. ....

b. .... f. ....

c. .... g. ....

d. ....

Écrire à un proche

Que ce soit une lettre, un SMS ou un e-mail, lorsque nous rédigeons un message à un proche, nous commençons généralement par l'expression affectueuse **(Meu) Querido / (Minha) Querida**, *(Mon) Cher / (Ma) Chère,* suivie du prénom du destinataire. Évidemment, on peut simplement débuter par **Bom dia / Boa tarde**, *Bonjour,* ou par **Olá**, *Salut*.

Pour clore notre message, on utilisera par exemple :
Beijos / Beijinhos ➜ *Bises / Bisous*
Abraços / Um grande abraço ➜ *Je t'embrasse / Amicalement*
Com muito carinho ➜ *Affectueusement*
Com muitas saudades ➜ *Tu me manques*
Amo-te ➜ *Je t'aime*

6 Complétez ces messages personnels avec les mots manquants puis reliez-les à l'icône symbolisant l'événement qui y est rattaché.

ABRAÇO   BEIJINHOS   FÉRIAS   PARABÉNS   QUERIDOS

AMIGA   CARINHO   NASCIMENTO   POSTAL   SAUDADES

AVÓS   CURIOSOS   OLÁ   QUERIDA

CHAPITRE 2 : CORRESPONDANCE ÉCRITE

1.

.... Raquel!
Espero que estejas bem. Envio-te este lindo .... do Rio de Janeiro onde passei umas .... incríveis!
Com muitas ....
A tua .... de sempre, Dany

a.

2.

.... neta,
Muitos .... pelas tuas 8 primaveras! Festeja bem com os teus pais e irmãos. Os .... desejam-te muitas felicidades e mandam-te um .... muito apertadinho.
....................,
Avô Zé e avó Maria

b.

3.

.... amigos,
É com a maior felicidade que vos anunciamos o .... da Victoria no dia 31 de julho às 17h17. O parto correu bem e ela chegou com saúde, com muitos sorrisos, os olhos abertos e .... Somos papás babados e aproveitamos cada momento com o nosso solzinho.
Com muito ....
Lisa & Benjamin

c.

Le présent du subjonctif

Pour rappel, le présent du subjonctif se forme à partir du **radical** de la 1re personne du singulier (**eu**, *je*) du présent de l'indicatif auquel on ajoute les terminaisons :
- **e**, **es**, **e**, **emos**, **em** pour les verbes **-ar** ;
- **a**, **as**, **a**, **amos**, **am** pour les verbes en **-er** et **-ir**.

infinitif	présent de l'indicatif	présent du subjonctif
enviar	eu envio, *j'envoie*	➔ **para que eu envie**, *pour que j'envoie*
fazer	eu faço, *je fais*	➔ **para que nós façamos**, *pour que nous fassions*

On emploie le mode subjonctif pour exprimer entre autres l'incertitude, l'hypothèse, le doute, la crainte, la nécessité, mais aussi le souhait, la volonté et l'ordre. Les verbes l'impliquant seront suivis de **que** :
Peço que me **transfiram** este email. ➔ *Je demande que vous me transfériez cet e-mail.*
Receamos que não **receba** a nossa mensagem. ➔ *Nous craignons qu'il ne reçoive pas notre message.*

À noter : Soyez attentif aux modifications orthographiques :
- **conhecer** ➔ **que eu conheça** ➔ *que je connaisse*
- **ficar** ➔ **que tu fiques** ➔ *que tu restes*
- **ligar** ➔ **que nós liguemos** ➔ *que nous téléphonions*
- **redigir** ➔ **que eles redijam** ➔ *qu'ils rédigent*

CHAPITRE 2 : CORRESPONDANCE ÉCRITE

7 Ces verbes et expressions impliquent l'emploi du subjonctif : classez-les selon ce à quoi ils renvoient.

a. incertitude/doute
....
....

b. souhait/demande
....
....

c. crainte/peine
....
....

d. volonté/nécessité
....
....

e. ordre/interdiction
....
....

desejar
duvidar
é preciso que
é provável que
esperar
exigir
lamentar
não acreditar que
pedir
preferir
proibir
querer
recear
talvez
ter medo
ter pena

8 Ces formes verbales subissent des modifications orthographiques au subjonctif : ajoutez la ou les lettre(s) manquante(s) !

a. Preciso do endereço para que eu diri___a a carta ao Responsável comercial. (dirigir)

b. Talvez você conhe___a o carteiro da aldeia? (conhecer)

c. Preferem que pa___emos com antecedência. (pagar)

d. É necessário que tu colo___es o selo no envelope. (colocar)

e. Quero que vocês agrade___am o nosso convidado. (agradecer)

CHAPITRE 2 : CORRESPONDANCE ÉCRITE

 9 Les verbes *ser*, *estar*, *haver*, *dar*, *ir*, *querer* et *saber* sont irréguliers au présent du subjonctif : complétez ce tableau pour réviser leur conjugaison.

ser être	estar être	haver avoir	dar donner	ir aller	querer vouloir	saber savoir
		-	dê		queira	
sejas		-				
				vá		
	estejamos	-				
		-	deem	vão		saibam

10 Conjuguez les verbes au présent du subjonctif.

a. Espero que vocês .... bem! (estar)

b. É melhor que eu .... e .... à mão. (assinar/escrever)

c. Lamentamos que tu não .... ir à festa. (poder)

d. É provável que elas nos .... o envio de uma carta registada. (pedir)

e. O professor exige que os alunos lhe .... o trabalho através da plataforma. (transmitir)

f. Receio que o cliente não .... abrir o documento em anexo. (conseguir)

g. Querem que eu .... o contrato no correio? (pôr)

h. Esperamos que .... uma caixa de correios para que nós .... o postal. (haver/mandar)

i. Duvido que o postal .... o carimbo de hoje: os correios estão quase a fechar. (ter)

Bravo, vous êtes venu(e) à bout du chapitre 2 !
Il est maintenant temps de comptabiliser les icônes et de reporter le résultat en page 128 pour l'évaluation finale.

3
Rédiger un courrier formel

Rédiger un courrier formel

Dans le cadre d'une communication professionnelle (courriers, e-mails), on commencera par *Cher/Chère* et, selon la relation qu'on entretient avec son interlocuteur (collègue, client, supérieur, etc.), on ajoutera :

Caro/Cara + prénom et/ou nom
Estimado/Estimada **Senhor/Senhora**
Prezado/Prezada **Senhor/Senhora** + (prénom et) nom
Senhor/Senhora + titre/fonction (+ prénom et nom)

Notez que :
- **Sr.** et **Sra.** sont les abréviations de **Senhor** et **Senhora** → *monsieur, madame*.
- L'expression **Prezado/Prezada** sera particulièrement employée au Brésil.
- La formule d'adresse **Exmo. Senhor / Exma. Senhora** est la plus formelle et sera de rigueur dans les courriers administratifs. Elle pourra être accompagnée du titre et/ou de la fonction de notre interlocuteur.

On terminera notre courrier par une formule de courtoisie du type :

Atentamente/Atenciosamente → *Bien à vous*
Cordialmente → *Cordialement*
Cordiais saudações → *Salutations cordiales*
Com os melhores cumprimentos → *Salutations distinguées*
Com os mais respeitosos cumprimentos → *Respectueuses salutations*

Enfin, on signera avec son prénom et nom de famille suivis ou non de sa fonction : **Filipe Sousa, Responsável marketing**.

1 Classez les formules suivantes du plus familier au plus formel.

a. Caro Senhor Engenheiro
b. Querida Larissa
c. Exmo. Sr. Embaixador
d. Cara Sandra
e. Estimada Senhora Dona Filipa
f. Prezado Bruno Mendes
g. Exma. Senhora Professora Dra. Dora Pimentel

CHAPITRE 3 : RÉDIGER UN COURRIER FORMEL

2 Remettez dans l'ordre afin de reconstituer le message.

oferecemos um desconto / e informamos que / Simão Dias /
de 15% / cumprimentos / encomenda / Estimado cliente / comercial /
Agradecemos a sua compra / Responsável / para a sua próxima / Com os melhores

....,
....
....
....,
....
....

Exprimer une éventualité future avec le subjonctif

Les expressions suivantes évoquent une éventualité future et sont suivies du subjonctif :
- **para que** → *pour que*, **a fim de que** → *afin que*,
- **até que** → *jusqu'à ce que*, **antes que** → *avant que*, **logo que** → *dès que*
- **embora** → *bien que*, **mesmo que / ainda que / se bem que / nem que** → *même si*
- **caso** → *si / au cas où*, **desde que** → *depuis que*, **a menos que / a não ser que** → *à moins que*

Embora esteja doente, vai à entrevista.
→ *Bien qu'il soit malade, il va à l'entretien.*

Caso precisem de mais detalhes, contactem-me por telefone. → *Si vous avez besoin de plus de détails, contactez-moi par téléphone.*

CHAPITRE 3 : RÉDIGER UN COURRIER FORMEL

3 Sélectionnez l'expression qui convient et barrez l'autre.

a. Fico à espera **embora** / **até que** me chames.
b. Telefonem-me uma vez em casa **mesmo que** / **desde que** cheguem tarde.
c. Mantemos a reunião **a não ser que** / **para que** haja um movimento de greve.
d. Avisa-me **se bem que** / **logo que** saibas o resultado.
e. Não hesite em contactar-nos **caso** / **a menos que** tenha questões.
f. Escolhi um prato de carne **caso** / **embora** estejamos num restaurante à beira-mar.
g. Comemos a sopa **a fim de que** / **antes que** arrefeça.

4 Complétez cet e-mail professionnel en plaçant les termes manquants.

`a fim de que` `anexo` `caros` `cordialmente` `informo`
`marcar` `pedir` `preencham` `respondam` `siga`

De	Rita Gil
Para	Luís Silva, António Grilo
Assunto	.... reunião com colaboradores

.... Senhores,

Na sequência da nossa conversa, venho .... as vossas disponibilidades para a organização de uma reunião com os nossos colaboradores. Solicito que .... a tabela que junto em ....

.... que só nos poderemos encontrar à tarde .... o nosso colaborador de Macau .... a reunião em linha.

Agradeço que .... até ao fim desta semana.

...........................,

Rita Gil

CHAPITRE 3 : RÉDIGER UN COURRIER FORMEL

Rédiger une lettre de motivation

A carta de candidatura, *la lettre de motivation,* accompagne le CV et permet d'expliquer les raisons de notre candidature. Son objectif est de susciter l'intérêt du recruteur afin d'être sélectionné ou convié à un entretien d'embauche.

La lettre de motivation, comme tout courrier formel, doit être structurée de la manière suivante.

- **O cabeçalho**, *l'en-tête,* comporte les adresses du candidat et du destinataire ainsi que le lieu, la date et l'*objet,* **assunto**, où l'on indique le type de candidature, l'intitulé du poste, la référence de l'annonce, ou notre projet. L'abréviation **A/c** (**Ao cuidado de**, *À l'attention de*) permet d'adresser notre lettre à un département ou une personne en particulier.

- Vient ensuite le vocatif de courtoisie équivalent au *Madame, Monsieur* français (**Exmo. Senhor, Exma. Senhora, Exmo. Sr. Diretor...** selon le statut de notre interlocuteur) suivi du texte organisé en paragraphes. Il faut y montrer l'adéquation de notre profil avec le poste/projet souhaité, en mettant en lumière les compétences acquises au cours de notre formation et de nos expériences ainsi que notre motivation. En guise de conclusion, nous évoquerons généralement notre disponibilité pour un entretien.

- Dans le corps du texte, on utilise les abréviations **V. Exa.** et **V. Exas.** (**Vossa Excelência/Vossas Excelências**) + verbe à la 3e pers. du singulier ou du pluriel, selon qu'on s'adresse à un ou plusieurs interlocuteurs.

- L'abréviation **v/** sera quant à elle utilisée pour les possessifs **vosso/vossa**, *votre,* ou **vossos/vossas**, *vos* : **Gostaria de trabalhar na v/ empresa.** → *J'aimerais travailler dans votre entreprise.*

- Avant de signer (prénom + nom), on termine par une formule de courtoisie telle que :

    Apresento a V. Exa. os meus respeitosos cumprimentos. → *Je vous prie d'agréer, Madame, Monsieur, mes respectueuses salutations.*

    Agradeço toda a atenção que a minha candidatura possa merecer a V. Exa. → *Je vous remercie de l'attention que vous porterez à ma candidature.*

    Na expectativa de uma resposta em breve, apresento os meus melhores cumprimentos. → *Dans l'attente d'une réponse, je vous présente mes salutations distinguées.*

À noter : Ces quelques règles valent pour toute correspondance formelle (lettres de candidature, courriers administratifs et commerciaux, etc.).

CHAPITRE 3 : RÉDIGER UN COURRIER FORMEL

5 Pauline est étudiante en anthropologie et souhaite participer au programme *Erasmus+* afin d'étudier au Portugal : aidez-la à finaliser sa lettre de motivation ! Essayez d'abord de la compléter seul(e), puis aidez-vous de la liste des mots à placer.

Pauline Martin
35, rue du Canal
75020 Paris

Universidade Nova de Lisboa
………… Departamento de Antropologia
Av. de Berna, 26 C
1069-061 ………………

Paris, 8 de ………………… de 2024

……………………: Candidatura ao programa de ……………………… Erasmus+

……………………………………………… do Departamento de Antropologia,

Atualmente sou …………………… de antropologia (segundo ano) na Universidade Paris Nanterre e …………………… aderir ao programa Erasmus+ a fim de que …………………… ter a oportunidade de estudar em …………………… e mais precisamente na Universidade Nova de Lisboa.

É com muita seriedade e determinação que desejo aprofundar os meus …………………… em antropologia, adquirir novas competências, …………………… a minha prática da língua portuguesa assim como ganhar maturidade e ……………………

Além de representar uma mais-valia profissional, esta …………………… além-fronteiras também me permitirá conhecer jovens de vários horizontes e, obviamente, descobrir a …………………… portuguesa pela qual me apaixonei.

Faço deste projeto a minha prioridade já que é essencial …………………… eu alcance o meu objetivo futuro: uma vez a licenciatura ……………………, tenciono participar num programa de mobilidade para estágios, desta vez no Brasil. ……………………, gostaria de realizar um estágio numa ONG envolvida na proteção de tribos da floresta amazónica.

Fico a aguardar uma resposta e estou disponível …………………… de mais informações.

…………………… toda a atenção que a minha candidatura possa merecer a …………………… e apresento os meus respeitosos ……………………

Pauline Martin

……………………: *Curriculum Vitae*

25

CHAPITRE 3 : RÉDIGER UN COURRIER FORMEL

A/c	concluída	Lisboa
Agradeço	conhecimentos	mobilidade
Anexo	cultura	para que
aperfeiçoar	cumprimentos	Portugal
Assunto	estudante	possa
autonomia	Exma. Sra. Diretora	pretendo
caso necessite	experiência	V. Exa.
Com efeito	fevereiro	

6 Répondez aux questions suivantes à partir des informations de la lettre de Pauline.

a. Quem é o destinatário?
→ ....

b. Quem é o remetente?
→ ....

c. Qual é a formação académica da candidata?
→ ....

d. A que programa se candidata? Em que estabelecimento?
→ ....
....

e. Quais são os motivos da sua candidatura?
→ ....
....

f. Qual é o seu objetivo futuro?
→ ....
....

Bravo, vous êtes venu(e) à bout du chapitre 3 !
Il est maintenant temps de comptabiliser les icônes et de reporter le résultat en page 128 pour l'évaluation finale.

4 Entretien d'embauche et recrutement

A entrevista de emprego, *l'entretien d'embauche*

L'entretien d'embauche est un moment clé de la vie professionnelle. En voici quelques phrases et questions incontournables ; vous en découvrirez d'autres au fil des exercices.

Fale um pouco de si. → *Parlez* un peu de vous.

Porque é que está interessado/a neste emprego?
→ *Pourquoi* êtes-vous intéressé(e) par cet emploi ?

Como teve conhecimento desta vaga?
→ *Comment* avez-vous eu connaissance de ce poste ?

Diga quais são as suas principais qualidades.
→ *Dites* quelles sont vos principales qualités.

Qual é o seu maior ponto fraco? → *Quel* est votre plus grand point faible ?

Descreva uma experiência de que tem orgulho.
→ *Décrivez* une expérience dont vous êtes fier/fière.

Conte um desafio que teve de enfrentar.
→ *Racontez* un défi que vous avez dû affronter.

Porque é que deixou o emprego anterior?
→ *Pourquoi* avez-vous quitté votre emploi précédent ?

O que o/a diferencia dos outros candidatos?
→ *Qu'est-ce* qui vous distingue des autres candidats ?

Quais são as suas perspetivas futuras?
→ *Quelles* sont vos perspectives d'avenir ?

Qual é a sua expetativa salarial? → *Quelles* sont vos attentes salariales ?

Porque é que acha ser a pessoa certa para este posto?
→ *Pourquoi* pensez-vous être la bonne personne pour ce poste ?

À noter : Remarquez l'utilisation des **interrogatifs** et l'emploi de l'**impératif** (*vous* de vouvoiement).

CHAPITRE 4 : ENTRETIEN D'EMBAUCHE ET RECRUTEMENT

1. Ajoutez l'interrogatif qui convient aux questions suivantes.

Quem   Como   Onde   Porque   Quais   O que   Quantos

a. .... se define?
b. .... sabe acerca da nossa empresa?
c. .... é que se candidatou a esta vaga?
d. .... meses durou este estágio?
e. .... se vê daqui a cinco anos?
f. .... redigiu a sua carta de recomendação?
g. .... são os seus passatempos?

2. Indiquez à quelles questions de l'exercice précédent ces réponses se rapportent.

1. Imagino-me a trabalhar nesta empresa com um cargo superior. ....
2. Porque esta vaga corresponde às minhas expetativas profissionais. ....
3. Durou seis meses. ....
4. Pratico natação e jardinagem. ....
5. Sei que a vossa empresa é líder no mercado. ....
6. Diria que sou uma pessoa competente, agradável e eficaz. ....
7. O meu antigo chefe, com quem trabalhei cinco anos. ....

Impératif et vouvoiement

L'impératif aux 3e pers. du singulier et du pluriel (*vous* de vouvoiement et *vous* collectif) équivaut aux formes verbales du présent du subjonctif.

impératif você
contar   Conte a sua experiência. → *Racontez votre expérience.*
dizer   Diga-nos o porquê da sua candidatura. → *Dites-nous la raison de votre candidature.*

impératif vocês
transmitir   Transmitam-nos o seu CV. → *Transmettez-nous votre CV.*
querer   Queiram preencher o formulário. → *Veuillez remplir le formulaire.*

CHAPITRE 4 : ENTRETIEN D'EMBAUCHE ET RECRUTEMENT

3 Voici quelques *dicas*, *conseils*, qui vous seront utiles lors d'un entretien d'embauche : complétez-les avec l'impératif au *vous* de vouvoiement (3ᵉ pers. du singulier, *você*).

a. Não .... atrasado. (chegar)

b. .... o seu interlocutor nos olhos. (olhar)

c. .... autêntico e honesto. (ser)

d. Não .... os braços. (cruzar)

e. .... conhecimentos acerca da empresa. (ter)

f. .... com clareza. (falar)

4 À quel conseil de l'exercice précédent ces explications se rapportent-elles ?

1. Desviar muito o olhar provoca desconfiança. ....
2. Articule, sê objetivo e dê exemplos práticos. ....
3. Denota impaciência e dá uma impressão de uma pessoa fechada. ....
4. Não vale a pena inventar competências ou experiências que não tem. ....
5. Demonstra interesse pelo posto. ....
6. A pontualidade é essencial no trabalho. ....

Recrutamento, *recrutement*

candidatar-se	*postuler*	empregado / funcionário	*employé*
contratar	*embaucher*	empregador	*employeur*
despedir / demitir	*licencier*	empresa	*entreprise*
empregar	*employer*	estagiário	*stagiaire*
pedir demissão	*démissioner*	recrutador	*recruteur*
promover	*promouvoir*	remuneração	*rémunération*
a vaga / o posto	*le poste*	salário / ordenado	*salaire*
contrato a termo / a prazo	*CDD*	tempo inteiro / full-time	*temps complet*
contrato sazonal	*contrat saisonnier*	tempo parcial / part-time	*temps partiel*
contrato sem termo / sem prazo	*CDI*		
dia de folga	*jour de congé*		

CHAPITRE 4 : ENTRETIEN D'EMBAUCHE ET RECRUTEMENT

5 Complétez les phrases avec le vocabulaire qui convient.

estagiário | inteiro | empresa | candidata | vaga | contratar | salário | folga | part-time | termo | empregador | funcionário

a. Trabalho em .... numa .... de logística.

b. A que .... é que se ....?

c. Quando era ...., ganhava o .... mínimo.

d. Precisamos .... um novo .... a tempo ....

e. O nosso .... oferece dois dias de ....

f. Propomos um contrato a .... com uma duração de 6 meses.

6 Indiquez quel type de contrat correspond aux emplois suivants : *contrato a termo*, *contrato sem termo* ou *contrato sazonal* ?

a. Estagiária numa loja de ótica ➔ *stagiaire chez un opticien* ....

b. Vindimador no Douro ➔ *vendangeur dans la région du Douro* ....

c. Professor efetivo ➔ *professeur titulaire* ....

Qualidades e defeitos, *qualités et défauts*

QUALIDADES, *QUALITÉS*

ambicioso	ambicieux	flexível	flexible
calmo	calme	honesto	honnête
comunicativo	communicatif	perseverante	persévérant
criativo	créatif	persuasivo	persuasif
dinâmico	dynamique	pontual	ponctuel
eficiente	efficace	rigoroso	rigoureux
empreendedor	entreprenant		

CHAPITRE 4 : ENTRETIEN D'EMBAUCHE ET RECRUTEMENT

DEFEITOS, *DÉFAUTS*

arrogante	arrogant	ineficiente	inefficace
atrasado	en retard	intransigente	intransigeant
autoritário	autoritaire	mentiroso	menteur
descuidado	négligent	nervoso	nerveux
desorganizado	désorganisé	orgulhoso	orgueilleux
fechado	fermé	preguiçoso	paresseux
impulsivo	impulsif		

7 Quels traits de caractère se cachent derrière ces définitions ?

a. Que sabe convencer. → _ _ _ S _ _ _ _ V _
b. Que chega a horas. → _ O _ _ _ _ L
c. Que cumpre os objetivos. → _ F _ _ _ _ N _ _
d. Que tem capacidade de imaginação. → C _ _ _ T _ _ _
e. Que não tem atenção no que faz. → D _ _ C _ _ _ _ _ _
f. Que tem espírito de iniciativa. → _ _ P _ _ _ _ D E _ _ _

8 Complétez les fiches de postes suivantes avec deux qualités essentielles pour chaque profession.

CRIATIVO   organizado   AUTORITÁRIO   pragmático
comunicativo   **persuasivo**   arrogante   *altruísta*

Contabilista *Comptable*	**Instrutor(a) de ioga** *Professeur(e) de yoga*	**Diretor(a) artístico/a** *Directeur/Directrice artistique*
• Capacidade de análise e cálculo • Gosto pela administração	• Conhecimento da anatomia • Pedagogia e espiritualidade	• Realização de conteúdos publicitários • Supervisão da equipa

CHAPITRE 4 : ENTRETIEN D'EMBAUCHE ET RECRUTEMENT

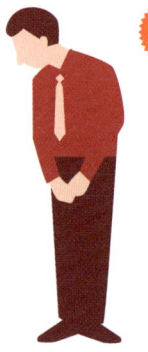

9 Reliez ces adjectifs à leurs contraires.

1. pontual
2. intransigente
3. calmo
4. orgulhoso
5. mentiroso
6. ambicioso

a. atrasado
b. impulsivo
c. preguiçoso
d. flexível
e. modesto
f. honesto

10 Vous devez recruter un collaborateur pour la gestion de votre restaurant. Sélectionnez le profil que vous retenez à partir des présentations des candidats.

a. Alícia

Tenho muita experiência e espírito de iniciativa. Posso trabalhar em equipa mas prefiro que sigam as minhas ideias. Gosto de responsabilidades, por isso um posto de chefe é o ideal para mim.

b. Telma

Sou dinâmica e já trabalhei como empregada de mesa. Gosto de trabalhar em equipa porque aprecio a troca de ideias. Tenho espírito de iniciativa e posso tomar decisões mas também tomo em consideração as opiniões dos meus colegas.

c. Eduardo

Tenho pouca experiência no mundo da restauração mas o mais importante para mim é ter ambição e motivação. Prefiro trabalhar sozinho porque sou mais eficaz e não me sinto à vontade com os outros. Porém, respeito as opiniões divergentes.

Bravo, vous êtes venu(e) à bout du chapitre 4 !
Il est maintenant temps de comptabiliser les icônes et de reporter le résultat en page 128 pour l'évaluation finale.

Modification et contraction des pronoms compléments

Les pronoms compléments directs et indirects

Pour rappel, voici un tableau des pronoms COD et COI :

directs	indirects
me	me
te	te
o/a	lhe
nos	nos
vos	vos
os/as	lhes

1 Complétez les phrases suivantes avec le pronom complément qui convient.

a. – Ele comprou as bebidas todas?
   – Sim, comprou-..................... .

b. – Sabes, passei as férias nos Açores.
   – Que bom, conta-..................... tudo!

c. – Para agradecer aos Senhores, oferecemos-..................... este relógio.

d. – Vocês têm alguma preferência?
   – Não, não .... importamos.

e. – Viste o Santiago?
   – Sim, encontrei-..................... no café.

f. – Telefonaste à Cremi?
   – Sim, telefonei-..................... ontem.

g. – Meninos, onde está o livro que .... emprestei?

CHAPITRE 5 : MODIFICATION ET CONTRACTION DES PRONOMS COMPLÉMENTS

Où placer le pronom complément ?

En portugais, le pronom complément peut prendre trois positions.

- Après le verbe (on appelle cette position l'**enclise**), c'est la règle générale.
  Vi-te na festa. → *Je t'ai vu à la fête.*

- Avant le verbe (**proclise**), dans certains cas (phrase négative, relative, après un interrogatif, un indéfini et certains adverbes).
  Apenas lhe peço para reservar. → *Je vous demande juste de réserver.*

- Au milieu du verbe (**mésoclise**), quand celui-ci est conjugué au futur ou au conditionnel.
  Ver-te-ei amanhã. → *Je te verrai demain.*

À noter
- Le portugais du Brésil se veut plus flexible quant à la place du pronom et privilégie la proclise dans le langage courant : **Me sinto bem.** → *Je me sens bien.*
- Si vous avez besoin de plus de détails sur la place du pronom, reportez-vous au *Cahier d'exercices de portugais Faux-débutants* (Assimil).
- Nous aborderons la mésoclise dans le chapitre 7.

2. Dans quels cas faut-il placer le pronom avant le verbe ?

a. Après **não**, **que**, **como**.

b. Après les adverbes **também**, **talvez**, **só**, **apenas**.

c. Après les adverbes **amanhã**, **ontem**, **entretanto**.

d. Après les indéfinis **ninguém**, **muitos**, **qualquer**, **ambos**.

3. Remettez les mots de ces phrases dans l'ordre.

a. respondeu / lhe / alguém / ? → ....

b. bem / te / qualquer / fica / vestido / . → ....

c. me / reserva / confirmaram / a / . → ....

d. nos / tudo / Açores / encanta / nos / . → ....

e. ei / amanhã / te / escrever / . → ....

CHAPITRE 5 : MODIFICATION ET CONTRACTION DES PRONOMS COMPLÉMENTS

Férias nos Açores, *Vacances aux Açores*

acampar	*camper*	pousada de juventude	*auberge de jeunesse*
águas férreas	*eaux ferrugineuses*	o quarto simples/ duplo/familiar	*la chambre simple/ double/familiale*
alojamento	*hébergement*	regime de meia pensão / pensão completa	*demi-pension / pension complète*
alugar	*louer*		
a autocaravana	*le camping-car*		
baleia	*baleine*	reserva	*réservation*
cachalote	*cachalot*	saco-cama	*sac de couchage*
caminhada	*randonnée*	tenda	*tente*
campismo	*camping*	o trilho	*le sentier / la randonnée*
casa de hóspedes	*maison d'hôtes*		
confirmar/cancelar	*confirmer/annuler*	vulcão	*volcan*
a cratera / caldeira	*le cratère / la caldeira*		
dormida	*nuitée*		
a estadia	*le séjour*		
excursão	*excursion*		
golfinho	*dauphin*		
o/a guia	*le/la guide*		

 Quels mots se cachent derrière ces définitions ?

a. Pessoa que dá informações a turistas durante uma excursão. ➜ _ _ _ _ _

b. Percurso pedestre na natureza. ➜ T _ _ _ _ _ _

c. Barraca desmontável utilizada para campismo. ➜ _ _ _ _ D _

d. Veículo automóvel que também serve de habitação.

➜ _ _ _ _ C _ _ _ _ _ _ _ _ _

e. Animal marinho da ordem dos cetáceos provido de dentes e do tamanho de uma baleia. ➜ _ _ _ _ _ _ L _ _ _

CHAPITRE 5 : MODIFICATION ET CONTRACTION DES PRONOMS COMPLÉMENTS

 Reliez les éléments afin de reconstituer les phrases.

1. Reservei duas dormidas num…
2. Procuro alojamento com…
3. Queria um quarto duplo…
4. Pedimos o regime de meia pensão…
5. O pequeno-almoço…
6. Qual é a palavra passe…
7. A que horas é…
8. Reservámos um quarto familiar…
9. A minha reserva…
10. Mais uma…
11. Para acampar…

a. vagas para este fim de semana.
b. hotel de 4 estrelas em Ponta Delgada.
c. é incluído?
d. o check-out?
e. para fazer excursões.
f. foi cancelada.
g. com vista para o mar.
h. do wifi?
i. noite, por favor.
j. precisa de um saco-cama.
k. na casa do Sr. Alfredo.

 Gabrielle s'est installée aux Açores pour étudier les cétacés et depuis, elle tient un blog dans lequel elle partage sa passion et ses expériences sur l'île de São Miguel. Lisez son article et reportez-vous ensuite aux exercices suivants.

AS 7 MARAVILHAS DA ILHA DE SÃO MIGUEL

Aqueles que seguem as minhas aventuras neste blog, sabem que sou apaixonada pelos Açores, e mais precisamente pela ilha de São Miguel. Muitos me perguntam: "Gabrielle, quais são os teus conselhos para quem queira visitar a ilha?" Em vez de dar dicas, vou-lhe dizer quais são, para mim, as sete maravilhas da ilha, sejam locais, sejam atividades.

❶ A primeira maravilha é a paisagem única e emblemática do vulcão adormecido das Sete Cidades com as suas lagoas verde e azul. Os trilhos permitem descobri-la com vários pontos de vista, são caminhadas imperdíveis! Nunca irá esquecer a vista espetacular do Miradouro da Boca do Inferno: ao contemplar as lagoas e crateras, com o mar como pano de fundo e a vegetação luxuriante da Serra, sentirá o tempo parar, como se fizesse parte desta natureza majestosa.

CHAPITRE 5 : MODIFICATION ET CONTRACTION DES PRONOMS COMPLÉMENTS

❷ Para aprender mais sobre os vulcões, faça uma visita guiada do Observatório Vulcanológico e Geotérmico. O Nuno explicará como se formou o arquipélago e mostrará um vídeo sobre a erupção dos Capelinhos (ilha do Faial) que ocorreu em 1957 e durou vários meses até formar um novo pedaço de terra batizado de Ilha Nova.

❸ As piscinas naturais, como as dos Mosteiros, são outra maravilha incontornável. A rocha vulcânica contrasta com a água cristalina. Informe-se sobre os horários das marés e compre calçado adaptado para não escorregar ou aleijar os pés. Se gostar do ambiente oceânico, também apreciará a praia de Santa Bárbara, o lugar perfeito para praticar surf ou bodyboard.

❹ Se quiser relaxar, nada melhor do que aproveitar as águas termais da ilha. A Poça da Dona Beija dispõe de cinco piscinas de água quente rodeadas por uma vegetação verdejante, um ambiente místico que poderá até descobrir à noite, tomando banho debaixo das estrelas. Quanto ao parque Terra Nostra, tem uma enorme piscina de águas férreas e um belíssimo jardim botânico com caminhos sinuosos, flores exóticas e árvores centenárias.

❺ Provar um cozido nas Furnas é uma experiência tipicamente açoriana. O cozido é um prato feito a partir de carne de vaca, porco, galinha, chouriço, morcela, batata, batata doce, inhame, couve e cenoura. Tem a particularidade de cozer no solo vulcânico (vapor) durante seis horas, o que lhe confere um sabor delicioso.

❻ Outra atividade simples mas inesquecível: degustar um chá dos Açores e perder-se nas plantações. É o que propõe a Fábrica Gorreana aos visitantes que vêm assistir ao processo do chá.

❼ E claro, a sétima maravilha só pode estar ligada à minha paixão: faça uma excursão para observar cetáceos com um operador que respeite os animais marinhos. Pois, é a ocasião ideal para ver baleais, golfinhos e sobretudo cachalotes já que estão presentes nas águas açorianas o ano todo. Sentirá uma grande emoção ao ver estes gigantes dos mares.

E não se esqueça: nos Açores, temos as quatro estações do ano num só dia. Por isso, dê uma vista de olhos nas webcams da ilha para informar-se sobre a meterologia em tempo real e adaptar as suas atividades do dia!

CHAPITRE 5 : MODIFICATION ET CONTRACTION DES PRONOMS COMPLÉMENTS

7 Indiquez si les affirmations sont vraies ou fausses en vous reportant à l'article de Gabrielle.

	VRAI	FAUX
a. Gabrielle dévoile dans son article les lieux et activités qui sont, pour elle, les sept merveilles de l'île de São Miguel.	☐	☐
b. Le volcan de Sete Cidades est en activité.	☐	☐
c. Le Cozido das Furnas cuit dans l'eau pendant six heures.	☐	☐
d. L'usine Gorreana propose aux visiteurs de se promener dans les plantations de thé.	☐	☐
e. Le cachalot est présent au printemps aux Açores.	☐	☐
f. La météo est très changeante aux Açores.	☐	☐

8 Répondez aux questions suivantes à partir des informations de l'article de Gabrielle.

a. Qual é a vista mais espetacular das Sete Cidades?

→ ....

b. Como se chama a terra formada após a erupção dos Capelinhos?

→ ....

c. Que legumes compõem o Cozido nas Furnas?

→ ....

d. Qual é o acessório que a Gabrielle aconselha para aproveitar as piscinas naturais?

→ ....

e. Quais são os trilhos imperdíveis da ilha?

→ ....

f. Qual é a particularidade das águas do parque Terra Nostra?

→ ....

CHAPITRE 5 : MODIFICATION ET CONTRACTION DES PRONOMS COMPLÉMENTS

 À quels lieux se rapportent les éléments suivants ?

1. Baleias, cachalotes e golfinhos •
2. Cozido no solo vulcânico •
3. Erupção de 1957 •
4. Jardim botânico •
5. Lagoas verde e azul •
6. Plantações de chá •
7. Rocha vulcânica e água cristalina •
8. Surf e bodyboard •
9. Banho de água quente debaixo das estrelas •

- • a. Capelinhos
- • b. Furnas
- • c. Gorreana
- • d. Oceano
- • e. Piscina natural dos Mosteiros
- • f. Poça da Dona Beija
- • g. Praia de Santa Bárbara
- • h. Sete Cidades
- • i. Terra Nostra

Modification des pronoms compléments *o*, *a*, *os*, *as*

N'oubliez pas que, dans certains cas, les pronoms compléments directs **o**, **a**, **os**, **as** (→ *le, la, l', les, vous*) seront modifiés.

- Au contact d'un verbe se terminant par **-r**, **-s** ou **-z**, les pronoms **o(s)**, **a(s)** deviendront **lo(s)**, **la(s)**. Quant au verbe, il perdra sa consonne finale et verra sa dernière voyelle accentuée si elle est tonique :
  Vou fazer as malas. → **Vou fazê-las.**
  → *Je vais faire les valises.* → *Je vais les faire.*

- Au contact d'un verbe se terminant par une **nasale** (-m, -ão, -õe), les pronoms **o(s)**, **a(s)** deviendront **no(s)**, **na(s)** :
  Eles venderam a mota. → **Venderam-na.**
  → *Ils ont vendu leur moto.* → *Ils l'ont vendue.*

À noter
Si les pronoms sont placés **avant** le verbe, il n'y a pas lieu de faire ces modifications.

CHAPITRE 5 : MODIFICATION ET CONTRACTION DES PRONOMS COMPLÉMENTS

10 Remplacez les expressions soulignées par le pronom qui convient et faites les transformations nécessaires.

Ex. : **Podes reservar um quarto duplo.** → *Podes reservá-lo.*

a. Reservámos uma mesa para quatro pessoas.

→ ....

b. Põe a mesa e traz as ementas! → ....

c. Vou escolher o prato do dia. → ....

d. Não provaram as lapas gratinadas. → ....

e. Vais provar o cozido nas Furnas. → ....

f. Queremos dois cozidos. → ....

g. Encontraram a pousada de juventude. → ....

11 Répondez aux questions tout en remplaçant l'expression soulignée par le pronom qui convient.

Ex. : **Os senhores provaram as lapas?** → *Sim, nós provamo-las.*

a. Os clientes já pagaram as dormidas?

→ *Sim, eles* ....

b. Vais fazer a excursão para ver baleias?

→ *Sim, eu* ....

c. Fizeram a caminhada das Sete Cidades?

→ *Sim, nós* ....

d. Os biólogos dão livros sobre os golfinhos?

→ *Sim, eles* ....

e. Você preparou os ingredientes e fez o cozido?

→ *Sim, eu* ....

f. As turistas viram baleias?

→ *Sim, elas* ....

CHAPITRE 5 : MODIFICATION ET CONTRACTION DES PRONOMS COMPLÉMENTS

Contraction des pronoms compléments indirects et directs

Les pronoms compléments indirects se contractent avec les pronoms compléments directs **o**, **a**, **os**, **as**, de la façon suivante :

me		mo, ma, mos, mas
te		to, ta, tos, tas
lhe	+ o, a, os, as	lho, lha, lhos, lhas
nos		no-lo, no-la, no-los, no-las
vos		vo-lo, vo-la, vo-los, vo-las
lhes		lho, lha, lhos, lhas

- **Vou oferecer-te esta pulseira.** → **Vou oferecer-ta.**
  → *Je vais t'offrir ce bracelet.* → *Je vais te l'offrir.*

- **Podes entregar estas flores à avó?** → **Podes entregar-lhas?**
  → *Peux-tu apporter ces fleurs à grand-mère ?* → *Peux-tu les lui apporter ?*

- **Eles enviaram-nos os documentos.** → **Eles enviaram-no-los.**
  → *Ils nous ont envoyé les documents ?* → *Ils nous les ont envoyés.*

 James raconte sa randonnée : complétez son récit avec les pronoms compléments contractés.

to   **vo-las**   **MO**   **NO-LAS**   **LHO**   **no-los**   **LHAS**

a. O guia propôs-nos vários trilhos: propôs-................. .

b. Eu tinha o equipamento completo: o guia tinha-................. emprestado.

c. O guia explicou-nos as regras de segurança: explicou-................. .

d. Durante a caminhada, contei-vos anedotas: contei-................. .

e. Eu tinha sandes para os meus colegas: dei-................. .

f. Emprestei-te um saca-cama para dormir: emprestei-................. .

g. O guia foi fantástico, agradecemos-lhe com um jantar: oferecemos-................. .

CHAPITRE 5 : MODIFICATION ET CONTRACTION DES PRONOMS COMPLÉMENTS

13 Remplacez les mots soulignés par les pronoms correspondants et faites la contraction si nécessaire.

a. Vou oferecer-te estes livros.

→ ....

b. Ainda não entregou os chocolates à avó?

→ ....

c. Envia-nos as fotos dos cachalotes?

→ ....

d. Sim, confirmo-vos a sua reserva para cinco noites.

→ ....

e. Já me compraram a pulseira.

→ ....

f. O guia propôs excursões aos turistas.

→ ....

g. A bióloga explicou à criança a diferença entre caldeira e cratera.

→ ....

Bravo, vous êtes venu(e) à bout du chapitre 5 !
Il est maintenant temps de comptabiliser les icônes et de reporter le résultat en page 128 pour l'évaluation finale.

6
Futur et conditionnel

Futuro e condicional, *futur et conditionnel*

Le futur simple (de l'indicatif) et le conditionnel se construisent à partir de l'infinitif du verbe auquel on ajoute les terminaisons suivantes :
- **-ei**, **-ás**, **-á**, **-emos**, **-ão** pour le futur ;
- **-ia**, **-ias**, **-ia**, **-íamos**, **-iam** pour le conditionnel.

Ex. : **Eles irão de comboio.** → *Ils prendront le train.*
Você poderia ajudar-me? → *Vous pourriez m'aider ?*

Exceptions :
Les verbes **dizer**, **fazer** et **trazer** (*dire*, *faire* et *apporter*) sont irréguliers et se forment à partir du radical **dir-**, **far-** et **trar-** + terminaisons.
Ex. : **Direi.** → *Je dirai.* **Ele fará.** → *Il fera.* **Eles trariam.** → *Ils apporteraient.*

1 Complétez avec les terminaisons du futur et du conditionnel.

		FUTUR	CONDITIONNEL
a.	vocês	vender.......	vender.......
b.	tu	olhar.......	olhar.......
c.	nós	ver.......	ver.......
d.	eu	sair.......	sair.......
e.	você	dir.......	dir.......

2 Reliez les formes verbales à leur traduction.

1. *Tu composeras* • • a. **Seguiriam**
2. *Vous suivriez* • • b. **Faríamos**
3. *J'accueillerais* • • c. **Acolheria**
4. *J'apporterai* • • d. **Comporás**
5. *Nous ferions* • • e. **Trarei**

CHAPITRE 6 : FUTUR ET CONDITIONNEL

Emploi du futur simple

- Le futur simple s'emploie généralement dans un langage formel (écrit ou oral) puisque dans la langue courante, on préférera la construction **ir** + infinitif (futur proche) ou même le présent :
  Comprarei os bilhetes. / Vou comprar os bilhetes. / Compro os bilhetes logo à noite. → *J'achèterai les places. / Je vais acheter les places. / J'achète les places ce soir.*

- Il permet d'exprimer une situation future, un souhait ou une incertitude dans le futur :
  Traremos a sobremesa. → *Nous apporterons le dessert.*
  Arranjarei emprego. → *Je trouverai un emploi.*
  Choverá amanhã? → *Il pleuvra demain ?*

3 Complétez les phrases en conjugant les verbes au futur simple.

a. Os clientes ……………… a empresa fornecedora daqui a quinze dias. (visitar)

b. Não sei se o vizinho ……………… ? (vir)

c. O senhor acha que ……………… a viagem de carro? (fazer)

d. É um hotel de luxo, nada lhe ……………… ! (faltar)

e. Tu nunca ……………… a minha decisão. (entender)

4 Reformulez ces phrases dans un langage plus formel à l'aide du futur simple.

Ex. : **Vai sentir a tua falta.** → **Sentirá a tua falta.**

a. Vais dizer que a culpa é minha. → ………………

b. Vou fazer tudo por ela. → ………………

c. Vamos comprar uma prenda para os seus 40 anos.

→ ………………

d. Como vai estar o tempo amanhã? → ………………

e. Vocês vão descobrir um novo artista.

→ ………………

CHAPITRE 6 : FUTUR ET CONDITIONNEL

Será que…?

La locution **será que** est fréquemment utilisée pour évoquer un doute ou une hypothèse :
Será que vai chover? → *Est-ce qu'il va pleuvoir ?*

5 **Reformulez avec la locution *será que…***

a. Estarão presentes?

→ ....

b. Ficou atrasada?

→ ....

c. Já conhecemos o vencedor?

→ ....

d. Está com frio?

→ ....

La construction *haver de* + infinitif

La construction **haver** (conjugué au présent) **+ de +** infinitif permet d'exprimer une intention, un désir, un souhait ou une obligation de réalisation d'une action dans un futur indéfini.

eu	hei de	
tu	hás de	
ele/ela/você	há de	+ INFINITIF
nós	havemos / hemos de	
eles/elas/vocês	hão de	

Ex. : **Um dia hei de visitar o Rio de Janeiro!** → *Un jour, je visiterai Rio de Janeiro !*

CHAPITRE 6 : FUTUR ET CONDITIONNEL

6 Reformulez les phrases avec *haver de* + infinitif.

a. Tenho de viajar para os Estados Unidos.

→ ....

b. Tens de ver este filme!

→ ....

c. Vai encontrar uma solução.

→ ....

d. Um dia, serão famosos.

→ ....

e. Temos de combinar um jantar com os primos.

→ ....

Emploi du conditionnel

- Le conditionnel exprime :
  - une hypothèse, une éventualité, un doute, une suggestion ou encore une demande polie. **Se pudéssemos, compraríamos uma casa à beira-mar.**
    → *Si nous le pouvions, nous achèterions une maison en bord de mer ;*
  - une action future en lien avec une action passée (discours indirect) : **Ele disse que não precisaria de ajuda.** → *Il a dit qu'il n'aurait pas besoin d'aide.*
- Dans le langage courant, on remplace très souvent le conditionnel par l'**imparfait de l'indicatif** lorsqu'on formule une demande polie (et même dans d'autres emplois) : **Gostaria/Gostava de me inscrever à aula de ioga.** → *J'aimerais m'inscrire au cours de yoga.*

7 Entourez la forme verbale qui convient pour exprimer le conditionnel.

a. Eu nunca **direi / diria** uma coisa dessas!

b. Se nós tivéssemos tempo, **vamos / iríamos** passear pelo parque.

c. Se eu pudesse, **compraria / comprava** uma casa à beira-mar.

d. Vocês não **acreditariam / acreditam** no que veem!

e. Nós **comíamos / comeríamos** o bolo se fosse de chocolate.

CHAPITRE 6 : FUTUR ET CONDITIONNEL

8 **Reformulez les phrases suivantes au passé et faites les modifications nécessaires.**

Ex. : **Eu sei que ele estará sempre presente.**
→ **Eu sabia que ele estaria sempre presente.**

a. Eles dizem que farão o necessário.
→ ....

b. Pensamos que o Ralph não virá.
→ ....

c. Prometes que acabarás a montagem do filme.
→ ....

d. Você sabe que o evento terá lugar na praia?
→ ....

e. Avisamos que não poderemos chegar às 9 horas.
→ ....

f. O Diretor anuncia que os empregados irão receber subsídios.
→ ....

9 **Reformulez avec le conditionnel à la place de l'imparfait.**

a. Gostava de visitar o museu do Oriente.
→ ....

b. Podia ajudar-me?
→ ....

c. Tinhas um minuto para me telefonar?
→ ....

d. Podíamos ir ao concerto todos juntos.
→ ....

Cinema, *cinéma*

o/a argumentista	*le/la scénariste*	banda sonora	*bande-son*
argumento	*scénario*	câmara	*caméra*
ator	*acteur*	cena	*scène*
atriz	*actrice*	o/a cineasta	*le/la cinéaste*

47

CHAPITRE 6 : FUTUR ET CONDITIONNEL

a curta-metragem	le court-métrage
desempenhar um papel	jouer un rôle
dobrar	doubler
efeitos especiais	effets spéciaux
elenco	casting
o enredo	l'intrigue
espetador	spectateur
estrear	projeter pour la première fois
a estreia	la première
estrela	star
figurante	figurant
filmar	filmer
o intervalo	l'entracte
as legendas	les sous-titres
a longa-metragem	le long-métrage

montador	monteur
a montagem	le montage
operador de câmara	caméraman
pipocas	pop-corn
premiar	récompenser
prémio	le prix/ la récompense
produtor	producteur
realizador	réalisateur
rodar um filme	tourner un film
a sinopse	le résumé
o trailer	la bande-annonce
versão original	version originale

 Quels mots se cachent derrière ces définitions ?

   a. Aquele que inventa os diálogos. → _ R _ _ _ _ _ _ _ _ _ _

   b. Filme que tem uma duração de 60 minutos ou mais. → _ _ _ _ _ - _ _ _ _ _ G _ _

   c. Primeira exibição de um filme. → _ _ T _ _ _ _

   d. Substituir os diálogos originais por uma versão noutra língua. → D _ _ _ _ _

   e. Pausa durante uma sessão de cinema. → _ _ _ _ _ V _ _ _

 Entourez l'intrus de chaque ligne.

   a. estrear / fechar / exibir

   b. versão original / enredo / argumento

   c. filmar / montar / premiar / rodar

   d. operador de câmara / realizador / produtor / espetador / cineasta

CHAPITRE 6 : FUTUR ET CONDITIONNEL

 Quels mots correspondent aux images suivantes ?

a. ....   b. ....   c. ....

d. ....   e. ....   f. ....

 Reliez les éléments afin de reconstituer ces titres de films.

1. Capitães de •   • a. dourada

2. A gaiola •   • b. Brasil

3. Central do •   • c. abril

Futur et conditionnel composés

- Le futur composé se forme à partir de l'auxilliaire **ter** conjugué au futur + le participe passé du verbe : **terei feito** → *j'aurai fait*.

Il évoque notamment :
  - une action terminée dans le futur.
    Já teremos reservado. → *Nous aurons déjà réservé* ;
  - un doute sur le passé.
    Terão encontrado uma solução? → *Auront-ils trouvé une solution ?*

- Le conditionnel composé se construit avec **ter** conjugué au conditionnel + le participe passé du verbe : **eu teria feito** → *j'aurais fait*.

Il exprime :
  - une hypothèse irréelle. **Se ele tivesse falado com o patrão, teria recebido o subsídio.** → *S'il avait parlé au patron, il aurait reçu une prime* ;
  - une réserve quant à la véracité d'une information. **Eles teriam visto extraterrestres.** → *Ils auraient vu des extraterrestres.*

CHAPITRE 6 : FUTUR ET CONDITIONNEL

14 **Complétez avec le futur composé.**

a. Ele .... um lugar para estacionar? (encontrar)

b. Nessa altura, eu já .... as férias. (prever)

c. Quando chegares, nós já .... a refeição. (preparar)

d. Sabes se .... uma resposta do responsável? (ter)

15 **Remettez les mots dans l'ordre afin de reconstituer les phrases.**

a. no / passado / recebido / Ministro / teriam / o / mês / .

➜ ....

b. para / terias / proteger / mentido / o / ?

➜ ....

c. um / tivessem / feito / se / teria / me / bolo / avisado / .

➜ ....

Bravo, vous êtes venu(e) à bout du chapitre 6 !
Il est maintenant temps de comptabiliser les icônes et de reporter le résultat en page 128 pour l'évaluation finale.

Mésoclise

A mesóclise, *la mésoclise*

Quand le verbe est conjugué au futur ou au conditionnel, on doit placer le pronom (réfléchi, COD ou COI) entre le radical et la terminaison. C'est ce que l'on appelle *la mésoclise*.

Radical + pronom réfléchi + terminaison futur
→ eu levantar-me-ei, *je me lèverai.*

Radical + pronom COD + terminaison futur
→ nós ver-nos-emos, *nous nous verrons.*

Radical + pronom COI + terminaison conditionnel
→ eu dir-lhe-ia, *je lui dirais.*

Cette construction bien particulière sera utilisée dans un langage soutenu. Nous allons la travailler dans ce chapitre. Si vous trouvez cela étrange ou complexe, c'est tout à fait normal ! C'est l'une des grandes difficultés de la grammaire portugaise, alors **Força!** *Courage !*

À noter : La mésoclise ne se fera évidemment pas dans les cas où le pronom se place **avant** le verbe (phrase négative, relative, après un interrogatif, un indéfini, un adverbe) : **Nós não nos veremos.** → *Nous ne nous verrons pas.*

1 Vous avez d'un côté, la forme verbale au futur ou au conditionnel, de l'autre, le pronom : placez le pronom au bon endroit afin de faire la mésoclise. Les traductions pourront vous aider.

a. Eu sentarei / me → .... → *Je m'assiérai.*

b. Ela levantaria / se → .... → *Elle se lèvera.*

c. Eu escreveria / te → .... → *Je t'écrirais.*

d. Tu dirás / lhe → .... → *Tu lui diras.*

e. Nós encontraremos / nos → .... → *Nous nous retrouverons.*

CHAPITRE 7 : MÉSOCLISE

2 Le pronom en couleur est-il bien placé ?

a. A que horas levantar-**te**-ás?
b. Eu **lhe** enviarei um postal de Luanda.
c. Tal atitude não **nos** pareceria normal.
d. A Gisela e a Thábata também **se** adaptariam rápido.
e. É um restaurante que aconselhar-**lhes**-ia.

3 Réécrivez les phrases erronées de l'exercice précédent en plaçant correctement le pronom.

1. ....
2. ....
3. ....

Conjugaison pronominale avec le futur et le conditionnel

Pour conjuguer un verbe pronominal au futur ou au conditionnel, il faut faire la **mésoclise** (c'est-à-dire scinder le verbe au niveau du radical et de la terminaison pour y insérer le pronom).

	FUTUR	CONDITIONNEL
	levantar-se, *se lever*	**sentir-se**, *se sentir*
eu	levantar-me-ei	sentir-me-ia
tu	levantar-te-ás	sentir-te-ias
ele/ela/você	levantar-se-á	sentir-se-ia
nós	levantar-nos-emos	sentir-nos-íamos
eles/elas/vocês	levantar-se-ão	sentir-se-iam

CHAPITRE 7 : MÉSOCLISE

4 Conjuguez les verbes suivants au futur et au conditionnel et faites la mésoclise.

	FUTUR	CONDITIONNEL
a. Eles/encontrar-se		
b. Nós/vestir-se		
c. Eu/sentar-se		
d. Vocês/queixar-se		
e. Elas/interromper-se		
f. Tu/lembrar-se		
g. Ele/apresentar-se		

La mésoclise avec les pronoms COI

	dizer, *dire*
eu	dir-**me**-ia
tu	dir-**te**-ias
ele/ela/você	dir-**lhe**-ia
nós	dir-**nos**-íamos
eles/elas/vocês	dir-**lhes**-iam / dir-**vos**-iam

5 Mettez les phrases suivantes au conditionnel et faites les transformations nécessaires.

Ex. : **Eu digo-lhe a verdade.** → *Eu dir-lhe-ia a verdade.*

a. O realizador diz-nos a sinopse.

→ ....

b. Eu dou-lhe o prémio. → ....

c. Eles ofereceram-me uma câmara.

→ ....

d. Nós apresentamos-te a nossa curta-metragem.

→ ....

CHAPITRE 7 : MÉSOCLISE

La mésoclise avec les pronoms COD *o, a, os, as*

Au contact du **-r** du radical, les pronoms COD de la 3e pers. du singulier et du pluriel (**o, a, os, as** → *le, la, l', les, vous* de vouvoiement/collectif) vont subir des transformations et vont devenir **lo, la, los, las**. De plus, le **-r** final sera supprimé et on **accentuera** la dernière voyelle (sauf si c'est un **i**).

Le mécanisme est donc le suivant :

- **Ele apresentará o filme.** → **Ele apresentár-lo-á.** → **Ele apresentá-lo-á.**
  → *Il présentera le film.* → *Il le présentera.*

- **Nós receberemos o realizador.** → **Nós recebêr-lo-emos.** → **Nós recebê-lo-emos.**
  → *Nous recevrons le réalisateur.* → *Nous le recevrons.*

- **Tu farias os diálogos?** → **Tu fár-los-ias.** → **Tu fá-los-ias.**
  → *Tu ferais les dialogues ?* → *Tu les ferais ?*

À noter : Ces constructions sont utilisées dans un langage soutenu et formel.

6 Remplacez les expressions soulignées par le pronom qui convient et faites les transformations nécessaires.

a. A atriz desempenhará o papel principal.

→ ....

b. Faremos a banda sonora. → ....

c. Eu redigirei os diálogos. → ....

d. Vocês receberão um prémio. → ....

e. Você trará o material? → ....

f. Tu inserirás as legendas? → ....

g. O realizador convidaria todos os figurantes.

→ ....

h. Nós traduziríamos as legendas. → ....

i. Vocês divulgariam o trailer? → ....

j. Os espetadores comerão pipocas. → ....

CHAPITRE 7 : MÉSOCLISE

La mésoclise avec les contractions COI + COD

Au futur et au conditionnel, les pronoms contractés COI + COD (voir leçon p. 41) s'inséreront également au milieu du verbe avec la mésoclise. Aucune autre transformation ne sera nécessaire :

- **Apresentará o filme aos espetadores.** → **Apresentar-lhes + o-á**
  → **Apresentar-lho-á.**
- **Darias os bilhetes às crianças.** → **Dar-lhes + os-ias** → **Dar-lhos-ias.**

7 **Remplacez les expressions soulignées par les pronoms COI et COD qui conviennent et faites la mésoclise.**

a. Darão o argumento aos atores. → ....

b. Comunicar-te-íamos a sinopse. → ....

c. O cineasta oferecerá bilhetes aos figurantes.
→ ....

d. Dedicar-nos-ia o prémio. → ....

e. Far-me-ias a montagem? → ....

f. Escrever-vos-ei as legendas. → ....

g. Divulgaremos o trailer ao público.
→ ....

Bravo, vous êtes venu(e) à bout du chapitre 7 !
Il est maintenant temps de comptabiliser les icônes et de reporter le résultat en page 128 pour l'évaluation finale.

8
Gérondif et formes progressives

O gerúndio, *le gérondif*

Le gérondif a deux formes : l'une simple (**falando**, *parlant*), l'autre composée (**tendo falado**, *ayant parlé*). Pour le former, on remplace le **-r** de l'infinitif par **-ndo** : anda**r** ➞ anda**ndo**, *marchant* ; le**r** ➞ le**ndo**, *lisant* ; sai**r** ➞ sai**ndo**, *sortant*.

Le gérondif permet d'exprimer une action qui se déroule de façon simultanée, antérieure ou postérieure à une autre. Il peut évoquer notamment la manière, la cause, la concession ou encore l'hypothèse.
Elas tomam o pequeno-almoço ouvindo rádio.
➞ *Elles prennent le petit-déjeuner en écoutant la radio.*

Lorsqu'il est accompagné du sujet, le gérondif se place avant celui-ci (et non après comme c'est le cas en français).
Não podendo o Vasco estar presente, temos de adiar a gravação.
➞ *Vasco ne pouvant être présent, nous devons reporter l'enregistrement.*

1 Formez les gérondifs des verbes suivants.

1. **saborear**, *savourer* ➞ ....
2. **subir**, *monter* ➞ ....
3. **chover**, *pleuvoir* ➞ ....
4. **dar**, *donner* ➞ ....
5. **sorrir**, *sourire* ➞ ....
6. **propor**, *proposer* ➞ ....

2 L'un de ces mots n'est pas un gérondif : trouvez l'intrus !

olhando   indo   escrevendo   mando   referindo

L'intrus est : ....

CHAPITRE 8 : GÉRONDIF ET FORMES PROGRESSIVES

3 **Trouvez les gérondifs des verbes suivants et placez-les au bon endroit afin de compléter les phrases.**

seguir, *suivre*   **evocar**, *évoquer*   **estar**, *être*   **chegar**, *arriver*

a. O jornalista fala do fado .... a sua dimensão espiritual.

b. .... ao cruzamento, vire à direita.

c. O militar continuou a andar .... as ordens.

d. .... doente, não vou poder assegurar o evento.

4 **Ces phrases ne sont pas dans le bon ordre, corrigez-les !**

a. **O Paulo não podendo estar presente, temos de cancelar a reunião.**
→ *Paulo ne pouvant être présent, nous devons annuler la réunion.*

→ ....

b. **A Lúcia estando ausente, será o noticiário que irá apresentar o Rui.**
→ *Lúcia étant absente, ce sera Rui qui présentera le journal.*

→ ....

5 **Reformulez en remplaçant les expressions soulignées par le gérondif simple.**

a. Se substituir o altifalante, o som será de melhor qualidade.

→ ....

b. O grupo folclórico espreita os espetadores que começam a chegar.

→ ....

c. Apesar de ser famoso, este artista é uma pessoa simples.

→ ....

d. Não posso falar ao telefone, vou escrever-te uma mensagem.

→ ....

e. Eu aproveito o fim-de-semana e passo tempo com a minha família.

→ ....

f. Como não tens nenhum compromisso, podes ir connosco.

→ ....

57

CHAPITRE 8 : GÉRONDIF ET FORMES PROGRESSIVES

Action progressive : *ir* + gérondif

En portugais, on utilise le verbe **ir** suivi du gérondif pour exprimer une action progressive qui est en cours et qui se déroule parfois en parallèle à une autre. Selon le contexte, on conjuguera **ir** au temps qui convient (présent, prétérit, imparfait…).

Vou andando. → *J'y vais.*

Os candidatos foram-se inscrevendo.
→ *Les candidats se sont inscrits (peu à peu).*

Enquanto a professora ditava, os alunos iam escrevendo.
→ *Tandis que la professeure dictait, les élèves écrivaient.*

6 **Reformulez en commençant la phrase par l'expression *enquanto, tandis que*.**

Ex. : **Preparo o almoço. Pões a mesa.** → *Je prépare le déjeuner. Tu mets la table.*
→ **Enquanto vou preparando o almoço, tu pões a mesa.** → *Tandis que je prépare (progressivement) le déjeuner, tu mets la table.*

a. **Estaciono o carro. Você vai ter com ele.** → *Je gare la voiture. Vous le rejoignez.*

→ ....

b. **Tu conduzes. Eu dou as indicações GPS.** → *Tu conduis. Je donne les indications GPS.*

→ ....

c. **Ele toca guitarra. Vocês cantam.** → *Il joue de la guitare. Vous chantez.*

→ ....

d. **Vocês seguram o móvel. Eu parafuso.** → *Vous tenez le meuble. Je visse.*

→ ....

e. **Nós fazemos a limpeza. Vocês arrumam.** → *Nous faisons le ménage. Vous rangez.*

→ ....

CHAPITRE 8 : GÉRONDIF ET FORMES PROGRESSIVES

7 Reliez les éléments afin de former les phrases.

1. Enquanto a fadista vai cantando,
2. Os preços
3. Os espetadores
4. A voz
5. Os minutos foram passando

a. vão aumentando.
b. vai-se adaptando ao estilo musical.
c. os músicos acompanham à guitarra.
d. iam-se instalando.
e. mas não recebeu notícias dela.

A rádio, *la radio*

altifalante	haut-parleur
assunto	sujet
equipa técnica	équipe technique
estar no ar	être en direct
o/a fadista	le/la fadiste (chanteur/chanteuse de fado)
fado	fado
a gravação	l'enregistrement
gravar	enregistrer
horóscopo	horoscope
informações	informations
a letra	les paroles
ligar/desligar o rádio	allumer/éteindre la radio
locutor	animateur
microfone	micro
música	musique
músicos	musiciens
ondas	ondes
ouvinte	auditeur
o programa radiofónico	l'émission radiophonique
roteiro	script
rúbrica	rubrique
a sondagem	le sondage
trânsito	trafic/circulation
transmitir	émettre

8 Qui fait quoi ?

1. Vai transmitindo o programa nas ondas.
2. Vai falando ao microfone.
3. Vai ouvindo a rádio.
4. Vai cantando com emoção.

a. a fadista
b. o locutor
c. a equipa técnica
d. o ouvinte

CHAPITRE 8 : GÉRONDIF ET FORMES PROGRESSIVES

9 Nuno et Vanda sont animateurs radio : complétez leur dialogue en mettant les mots à la bonne place.

> guitarristas — adquirindo — ar — letra — música — levando — musical — descobrindo

NUNO — Caros ouvintes, bom dia! Estamos no .... e hoje a Vanda vai falar-nos de fado.

VANDA — Pois é, meus caros amigos! Sendo um estilo .... típico do nosso país, o fado representa a alma portuguesa. A palavra "fado" vem do latim *fatum* que significa "destino" remetendo assim para o caráter sentimental, fatalista e melancólico deste canto.

NUNO — ... Relacionando-se também com a noção de saudade, não é?

VANDA — Claro Nuno, o fado é a expressão da saudade por excelência. É geralmente cantado por um ou uma fadista só e acompanhado por .... (guitarra clássica e guitarra portuguesa). A interpretação é muito expressiva .... grande emoção ao público.

NUNO — É verdade, tudo expressa emoção no fado: a música, a voz, a .... da canção... e toca toda a gente.

VANDA — Sim e este aspeto universal foi reconhecido: o fado foi .... uma dimensão mundial quando, em 2011, foi declarado Património Cultural e Imaterial da Humanidade pela UNESCO. Todos conhecem os grandes nomes do fado como Amália Rodrigues, Carlos do Carmo ou ainda Mariza, mas vamos .... mais artistas ouvindo fados de várias épocas...

NUNO — Obrigado, Vanda. Então fazemos uma pausa de trinta minutos de .... sem interrupção e voltamos para aprender mais sobre o fado!

CHAPITRE 8 : GÉRONDIF ET FORMES PROGRESSIVES

 Verdadeiro ou falso? Vrai ou faux ? **À partir des informations du dialogue précédent, dites si ces affirmations sont vraies ou fausses.**

a. L'émission de Nuno et Vanda n'est pas en direct. — Vrai — Faux
b. Vanda présente une rubrique sur le fado. — Vrai — Faux
c. Le mot **fado** veut dire *destination*. — Vrai — Faux
d. Le fado exprime des sentiments et émotions intenses. — Vrai — Faux
e. La **saudade** est un sentiment transmis par le fado. — Vrai — Faux
f. En général, deux interprètes chantent. — Vrai — Faux
g. Le fado fait partie du patrimoine immatériel de l'Unesco. — Vrai — Faux
h. Amália Rodrigues est une figure emblématique du fado. — Vrai — Faux
i. L'émission se termine avec 30 minutes de musique et publicité. — Vrai — Faux

Gerúndio composto, *gérondif composé*

Le gérondif composé se construit avec le verbe **ter au gérondif** suivi du **participe passé** du verbe principal : **tendo feito** = *ayant fait*. Il indique qu'une action est terminée par rapport à une autre et permet d'exprimer une cause ou une conséquence.

Tendo perdido o avião, teve de comprar outro bilhete. ➜ *Ayant raté l'avion, il a dû acheter un autre billet.*

Rappel : Pour former le **participe passé**, on remplace la terminaison de l'infinitif par **-ado** pour les verbes en **-ar**, et par **-ido** pour les verbes en **-er** et **-ir** : **chegar** ➜ **chegado**, *arrivé* ; **escolher** ➜ **escolhido**, *choisi*. Certains participes passés sont irréguliers, tels que **fazer** ➜ **feito**, *fait*, **ver** ➜ **visto**, *vu*, **abrir** ➜ **aberto**, *ouvert* ; **pagar** ➜ **pago**, *payé*. Pour avoir plus de détails, reportez-vous au *Cahier d'exercices de portugais Faux-débutants (Assimil)*.

 Reformulez les phrases en utilisant le gérondif composé.

Ex. : **A encomenda atrasou. Pedi um desconto.** ➜ **Tendo atrasado a encomenda, pedi um desconto.** ➜ *La commande ayant pris du retard, j'ai demandé une remise.*

a. Participei ao sorteio e ganhei um prémio!

➜ ....

b. Não vimos o senhor. Decidimos telefonar-lhe.

➜ ....

CHAPITRE 8 : GÉRONDIF ET FORMES PROGRESSIVES

c. Fez o trabalho. Pode aproveitar o fim-de-semana.

→ ....

d. Chegaram atrasados ao aeroporto. Perderam o avião.

→ ....

12 **Complétez avec le gérondif composé puis indiquez à quelle rubrique radiophonique les phrases se rapportent.**

Desporto: ....   Economia: ....   Horóscopo: ....

Política: ....   Trânsito: ....

a. .... nas energias renováveis, Portugal tem apostado na eletricidade eólica. (investir)

b. .... esta posição, o Ministro irá propor uma lei neste sentido. (defender)

c. .... o túnel de Entrecampos, os condutores perderam mais de uma hora em engarrafamentos. (encerrar)

d. .... a primeira posição na Taça do Mundo de canoagem, Fernando Pimenta conquistou a medalha de ouro. (atingir)

e. .... o apoio de Vénus no seu mapa astral, terá dias propícios para novos relacionamentos. (receber)

13 **Reformulez ces phrases en remplaçant les expressions soulignées par le gérondif (simple ou composé).**

Ex. : **Cheguei muito cedo, pude visitar o museu todo.** → **Tendo chegado muito cedo, pude visitar o museu todo.**

a. Vamos de metro, será mais rápido.

→ ....

b. Como já tinha pago a conta, o gerente ofereceu-me os cafés.

→ ....

c. Como falas três línguas, vai ser fácil arranjar emprego como guia turístico.

→ ....

CHAPITRE 8 : GÉRONDIF ET FORMES PROGRESSIVES

d. <u>Abriu</u> o embrulho, descobriu um lindo colar.

→ ....

e. Comem <u>enquanto veem</u> televisão.

→ ....

Exprimer la simultanéité : *ao* + infinitif

Pour évoquer une situation qui se déroule en même temps qu'une autre, on peut utiliser l'expression **ao** + infinitif : **Ao chegar, ele viu que o restaurante estava fechado.** → <u>*En arrivant*</u>*, il a vu que le restaurant était fermé.*

Cette construction est fréquemment employée avec l'infinitif personnel, un infinitif auquel on ajoute des désinences (hormis aux 1re et 3e personnes du singulier) qui renvoient au sujet réel :

	fazer
eu	fazer
tu	fazer**es**
ele/ela/você	fazer
nós	fazer**mos**
eles/elas/vocês	fazer**em**

-**es** à la 2e personne du singulier (**tu**)

-**mos** à la 1re personne du pluriel (**nós**)

-**em** à la 3e personne du pluriel (**eles/elas/vocês**)

Ao ouvir<u>em</u> esta jovem fadista, os espetadores ficaram todos arrepiados.
→ <u>*En entendant*</u> *cette jeune fadiste, les spectateurs eurent des frissons.*

14 Ajoutez les désinences à l'infinitif personnel lorsque cela est nécessaire.

a. Ao fazer........ o trabalho, os alunos aprenderam muita coisa.

b. Ao falar........, notamos que tens um sotaque.

c. Os espetadores ficaram emocionados ao assistir........ ao concerto de fado.

d. Fiquei comovida ao ler........ o poema.

e. Ao sair........ de casa, esquecemo-nos do guarda-chuva.

63

CHAPITRE 8 : GÉRONDIF ET FORMES PROGRESSIVES

15 Remplacez le gérondif par l'expression *ao* + infinitif.

Ex. : **Visitando** o museu, vais conhecer grandes artistas.
→ **Ao vistares** o museu, vais conhecer grandes artistas.

a. Tivemos uma surpresa descobrindo estas prendas todas.

→ ....

b. Entrando na sala, viram que o espetáculo já tinha começado.

→ ....

c. Ganhou fama transformando uma velha quinta num hotel de luxo.

→ ....

d. Aprendes português cantando fado.

→ ....

e. Vendo o cão, as crianças riram-se.

→ ....

16 Écoutez les titres suivants sur Internet et complétez ces extraits de fado en plaçant correctement les étiquettes-mots.

| e lembrando | branqueando | ao separar-se | bramindo |
| navegando | vai repetindo | foi chegando |

E a minha boca até quando
.... da tua
....
....
Sei de um rio
Sei de um rio
             Camané, "Sei de um rio"

E o mar ....
Diz que eu fui roubar
A luz sem par
Do teu olhar tão lindo
            Dulce Pontes, "Canção do mar"

Sou marinheiro
Deste velho cacilheiro
Dedicado companheiro
Pequeno berço do povo
E ....
A idade ....
Ai... o cabelo ....
Mas o Tejo é sempre novo
          José Viana, "Zé Cacilheiro"

Bravo, vous êtes venu(e) à bout du chapitre 8 !
Il est maintenant temps de comptabiliser les icônes et de reporter le résultat en page 128 pour l'évaluation finale.

9
Équivalents de *on*

Traduire *on*

On est un terme largement employé en français mais il n'existe pas en portugais. Alors comment s'y prendre pour l'exprimer ? Nous allons découvrir dans ce chapitre des formules équivalentes dans ce but.

Équivalents de *on* : locuteur inclus dans le sujet

En portugais, il existe plusieurs équivalents de l'indéfini français *on*. Dans ces deux constructions, celui qui parle fait partie du sujet.

- La première personne du pluriel **nós**, *nous* :
  Notamos que… ➜ *On remarque / Nous remarquons que…*

- L'expression **a gente** suivie du verbe à la 3e personne du singulier (langage familier) : **A gente vai fazer compras.**
  ➜ *On va faire des courses.*

1 Transformez les phrases de façon à utiliser la première personne du pluriel *nós*, *nous*.

Ex. : **A taxa turística é incluída no preço.** ➜ **Incluímos a taxa turística no preço.**
➜ *La taxe de séjour est incluse dans le prix.* ➜ *Nous incluons la taxe de séjour dans le prix.*

a. O pequeno-almoço é servido entre as 7 e as 10 horas.
➜ ....

b. Uma dormida é oferta com o regime de pensão completa.
➜ ....

c. As reservas de meia-pensão são feitas na internet.
➜ ....

d. Para além das 11 horas, uma noite suplementar será faturada.
➜ ....

CHAPITRE 9 : ÉQUIVALENTS DE ON

2 **Reformulez en remplaçant *nós* par *a gente*.**

a. Estamos felizes por estar aqui.

→ ....

b. Onde é que apanhamos o metro?

→ ....

c. Devemos ir ao aeroporto.

→ ....

d. Propomos várias atividades.

→ ....

e. Ontem fomos ao mercado medieval de Óbidos.

→ ....

3 **Traduisez les phrases reformulées de l'exercice précédent.**

a. ....
b. ....
c. ....
d. ....
e. ....

Équivalents de *on* : sujet autre ou indéfini

Deux autres constructions permettent d'exprimer un *on* autre ou indéfini.

- Le verbe à la 3ᵉ personne du pluriel : **Batem à porta.** → *On frappe à la porte.* Dans ce cas, le sujet est inconnu ou différent de celui qui parle.
- La tournure impersonnelle **verbe à la 3ᵉ personne (singulier ou pluriel) + se** : **Vê-se que tu não concordas.** → *On voit que tu n'es pas d'accord.* **Alugam-se quartos.** → *On loue des chambres / Chambres à louer.* Le sujet est ici indéterminé et le verbe s'accordera avec le complément.

CHAPITRE 9 : ÉQUIVALENTS DE ON

4 **Reformulez avec la 3ᵉ personne du pluriel.**

Ex. : **Alguém diz que o criminoso fugiu.** ➜ **Dizem que o criminoso fugiu.**

a. Alguém toca à campainha. ➜ ....

b. A loja abre às 9 horas. ➜ ....

c. Alguém lhe roubou o telemóvel. ➜ ....

5 **Sélectionnez la bonne traduction en entourant la forme verbale qui convient.**

a. *À vendre.* ➜ Vendem / Vende-se.

b. *On a laissé un message pour toi.* ➜ Deixaram / Deixa-se um recado para ti.

c. *On mange bien dans ce restaurant.* ➜ Comem / Come-se bem neste restaurante.

d. *On cherche des serveurs.* ➜ Procura-se / Procuram-se empregados.

e. *On lui a donné de mauvaises informations.* ➜ Deram-lhe / Deu-se falsas informações.

6 **Complétez avec la formule impersonnelle verbe à la 3ᵉ personne + *se* au temps adéquat.**

a. Antigamente, ... que a terra era plana. (pensar)

b. Ainda hoje, ... muitas estrelas no céu alentejano. (ver)

c. .... português em vários países de África. (falar)

d. .... os resultados amanhã. (divulgar)

e. Ontem não .... ninguém na festa. (ver)

CHAPITRE 9 : ÉQUIVALENTS DE ON

7 Reliez les éléments afin de reconstituer les phrases.

1. Ouve-se
2. Observamos
3. A gente vai dar
4. Fecham a loja
5. Não se sabe
6. Naquela época,
7. Cultivam-se
8. Organizamos uma grande
9. Boa, a gente

a. ao certo.
b. um passeio, queres ir?
c. um aumento dos preços.
d. distribuíam-se folhetos publicitários.
e. música ao longe.
f. às 19 horas.
g. encontra-se no café do Bocage às 19 horas.
h. festa em agosto.
i. uvas na região do Minho.

Artesanato alentejano, *artisanat de l'Alentejo*

agropecuária	*activité agricole (agriculture et élevage)*	**louça de barro**	*vaisselle en terre cuite*
algodão	*coton*	**madeira**	*bois*
artesão(s)	*artisan(s)*	**manta**	*couverture*
azulejaria	*art de l'azulejo*	**moldar/modelar**	*mouler/façonner*
barro cozido	*terre cuite*	**móvel/móveis**	*meuble(s)*
barro	*argile*	**olaria**	*poterie*
cabaça	*calebasse/courge*	**oleiro/barrista**	*potier*
cerâmica	*céramique*	**tapeçaria**	*tapisserie*
cestaria	*vannerie*	**tapetes (de arraiolos)**	*tapis*
cesteiro	*vannier*	**vestuário/roupa**	*vêtements*
cesto	*panier*		
cortiça	*liège*		
ferro forjado	*fer forgé*		
figurado	*figurine*		
junco	*jonc*		

CHAPITRE 9 : ÉQUIVALENTS DE ON

8 **Lisez ce texte sur l'artisanat de l'Alentejo et indiquez si les affirmations sont vraies ou fausses.**

A feira agropecuária de Estremoz

A Feira Internacional de Agropecuária de Estremoz (FIAPE) é um dos maiores eventos do Alentejo. Consiste na mostra de artesanato e gastronomia alentejanas e promove atividades relacionadas com a agropecuária. Encontram-se muitas peças de artesanato : mantas, tapetes, tapeçaria, roupas, assim como louça de barro, artigos em cortiça e móveis alentejanos.

Vendem-se por exemplo os famosos figurados em barro de Estremoz para os quais os barristas utilizam uma técnica com mais de três séculos. Os bonecos são coloridos e representam cenas religiosas ou evocam o quotidiano alentejano.

Os móveis alentejanos, quanto a eles, são pintados com tinta de esmalte, coloridos de branco, azul, verde ou vermelho e decorados com desenhos de flores, folhas e laços. Para uma decoração tipicamente alentejana, poderá escolher objetos em ferro forjado ou uma cabaça de Évora com a sua forma original.

Relativamente à cortiça, trata-se de um material fabricado a partir da casca dos sobreiros, árvores largamente presentes no Alentejo, fazendo de Portugal o maior produtor mundial. Possui muitas qualidades sendo leve, impermeável e isolante. Também proporciona conforto com o seu toque suave e a sua flexibilidade. A cortiça é nomeadamente utilizada para fabricar rolhas, bolsas, malas, guarda-chuvas, roupas e até mesmo calçados.

	VRAI	FAUX
a. Le Salon international d'Estremoz promeut l'artisanat et la gastronomie de l'Alentejo.	☐	☐
b. On y trouve des tapis, de la vaisselle ou encore des vêtements.	☐	☐
c. Les figurines d'Estremoz sont peintes et faites en fer forgé.	☐	☐
d. La peinture-émail qui décore les meubles est généralement rouge et noire.	☐	☐
e. Le Portugal est le plus grand producteur de liège.	☐	☐
f. Le liège est léger, imperméable et isolant.	☐	☐
g. On fabrique des bouchons, parapluies et meubles en liège.	☐	☐

CHAPITRE 9 : ÉQUIVALENTS DE ON

9 Reliez chaque objet au matériau avec lequel il est fabriqué.

1. azulejo
2. cesto
3. figurado
4. manta
5. móvel
6. portão
7. rolha

a. algodão
b. barro
c. cerâmica
d. cortiça
e. ferro forjado
f. junco
g. madeira

10 À quels métiers renvoient ces définitions ?

a. Pessoa que exerce uma arte manual. → _ _ _ _ _ _ _
b. Pessoa que faz ou vende cestos. → _ _ _ _ _ _ _ _
c. Pessoa que trabalha e modela barro. → _ _ _ _ _ _ _ _

11 Complétez ces phrases avec la formule impersonnelle verbe à la 3ᵉ personne + *se* au présent.

Ex. : **Alugam-se** espaços para a feira. (alugar)

a. .... mochilas de cortiça. (fabricar)
b. .... figurados em barro. (vender)
c. Não .... contrafação. (admitir)
d. .... artesão com experiência. (procurar)

12 Comment faut-il prononcer la lettre *s* : [s], [z] ou [ch] ?

a. Artesanato : ....
b. Espaço : ....
c. Cesto : ....
d. Bolsa : ....
e. Consiste : ....
f. Mantas : ....

Bravo, vous êtes venu(e) à bout du chapitre 9 !
Il est maintenant temps de comptabiliser les icônes et de reporter le résultat en page 128 pour l'évaluation finale.

Formation des mots dérivés

La formation des mots

Pour enrichir son vocabulaire, la langue portugaise crée des néologismes (mots nouveaux), emprunte à d'autres langues ou construit des mots à partir d'autres, déjà existants. Nous allons voir dans ce chapitre et dans le suivant que ces derniers peuvent se former soit par dérivation, soit par composition. Les mots dérivés se forment à l'aide de préfixes et/ou de suffixes, tandis que les mots composés sont l'association de plusieurs mots (liés ou non par un trait d'union).

Mots formés par dérivation

La formation de *mots dérivés*, **palavras derivadas**, consiste en l'ajout d'éléments au radical d'un *mot déjà existant* qu'on appelle **palavra primitiva**. Il peut s'agir d'un :

- préfixe. Ex. : **des** + **igual** = **desigual**, *inégal* ;
- suffixe. Ex. : **igual** + **dade** = **igualdade**, *égalité* ;
- préfixe + suffixe. Ex. : **des** + **igual** + **dade** = **desigualdade**, *inégalité*.

1 Pour chaque mot, soulignez le préfixe et/ou le suffixe.

a. desfazer

b. jornalista

c. ineficiente

d. analfabeto

e. injustiça

f. desorganização

g. preconceito

CHAPITRE 10 : FORMATION DES MOTS DÉRIVÉS

Prefixos, *préfixes*

Les préfixes et suffixes ont un sens qui modifie la signification du mot auquel ils sont apposés. En les connaissant, vous pourrez analyser et comprendre des mots formés par dérivation et enrichir ainsi votre vocabulaire sans effort. Voici les préfixes les plus courants ainsi que leur signification.

Préfixe	Signification
a- an-	négation
co- con- com-	avec, ensemble
de- des-	contraire
e- en- em-	vers l'intérieur / changement d'état
e- ex-	vers l'extérieur
i-, in- im-	contraire / vers l'intérieur
pre- pré-	antérieur
re-	encore, de nouveau

Ex. : **a**normal ; **des**leal, *déloyal* ; **i**legível, *illisible*.

2 Ajoutez le préfixe qui convient.

a. ....constituir

b. ....gerente

c. ....leal

d. ....moral

e. ....por

f. ....portar

g. ....possível

3 Devinez le sens des mots suivants en analysant leurs différents éléments et traduisez-les.

a. compor → ....

b. preconceber → ....

c. indecifrável → ....

d. prever → ....

CHAPITRE 10 : FORMATION DES MOTS DÉRIVÉS

 Trouvez les synonymes des mots suivants.

a. ingerir ➡ | E | | G | | L | | |

b. desconstruir ➡ | | D | | | T | | R | | |

c. criar ➡ | | | O | | C | | B | | |

5 **Formez des mots dérivés avec les éléments donnés.**

1. a-   natal ➡ ....
2. con-   portar ➡ ....
3. des-   magrecer ➡ ....
4. e-   viver ➡ ....
5. ex-   honesto ➡ ....
6. in-   normal ➡ ....
7. pré-   gestão ➡ ....

Sufixos, *suffixes*

Voici à présent une liste de suffixes classés selon qu'ils forment des verbes, des adjectifs ou des substantifs (noms communs).

- Pour former des verbes :

Suffixe	Signification
-ar -er -ir	indique une action
-ecer	action qui débute / changement d'état
-itar -izar	réalisation d'une action

Ex. : **agir** ; **anoite<u>cer</u>**, *faire nuit* ; **material<u>izar</u>**.

- Pour former des adjectifs :

Suffixe	Signification
-al -oso -vel	qualité, état
-ar -ico	se rapportant à
-ico -inho -ito	diminutif

Ex. : **amor<u>oso</u>**, *amoureux* ; **famili<u>ar</u>**, *familial* ; **desej<u>ável</u>**, *souhaitable*.

CHAPITRE 10 : FORMATION DES MOTS DÉRIVÉS

• Pour former des substantifs :

Suffixe	Signification
-ês -ano -ão -eiro -ol	origine, nationalité
-ário -eiro -ista -ino -or, -dor	métier, activité

Suffixe	Signification
-ança, -ença -ção -gem -mento	action / résultat
-ura	action / qualité
-ança -ância, -ência -idade, -dade, -dão -ez, -eza -ia	qualité / état
-ada	action / quantité / durée
-ão	augmentatif

Ex. : **açoriano**, *açorien* ; **banqueiro**, *banquier*.

Ex. : **ternura**, *tendresse* ; **papelada**, *paperasse*.

À noter

• Certains suffixes seront aussi bien utilisés avec des adjetifs qu'avec des substantifs :
sensacional, *sensationnel* ; **o pinhal**, *la pinède/forêt de pins*.
inglês, *anglais* ; **o inglês**, *l'anglais*.

• Le suffixe **-mente** permet de former des adverbes :
verdadeiramente, *véritablement*.

6 Qu'indique le suffixe des mots suivants ?

ACTION MÉTIER DIMINUTIF CHANGEMENT D'ÉTAT
QUALITÉ QUANTITÉ DURÉE EN RAPPORT AVEC

a. Jorn**ada** ....
b. Branc**ura** ....
c. Cinematográf**ico** ....
d. Amanh**ecer** ....
e. Papel**ada** ....

f. Diret**ora** ....
g. Cri**ação** ....
h. Livr**inhos** ....
i. Toler**ância** ....

CHAPITRE 10 : FORMATION DES MOTS DÉRIVÉS

7 Formez des verbes avec les mots donnés et les suffixes *-ecer*, *-itar* ou *-izar*.

a. Moral → ....
b. Fácil → ....
c. Noite → ....
d. Moderno → ....

8 Complétez les phrases suivantes en formant les mots dérivés qui correspondent.

a. Este restaurante tem um ambiente ....
   e .... **FAMÍLIA / AGRADAR**

b. A cozinha é .... e .... **ESPAÇO / LUZ**

c. Ofereceu-me uma .... da sua
   ....
   à Indonésia. **RECORDAR / VIAJAR**

d. Obrigado pela vossa ....!
   Desejo-vos muitas
   .... **GENEROSO / FELIZ**

9 Transformez ces mots en substantifs à l'aide des suffixes qui conviennent.

Ex. : **belo** → **a beleza**

[-al] [-ança] [-dade] [-dor] [-ença] [-ência] [-eza] [-ia] [-mento] [-oso]

a. Cruel → ....
b. Limpo → ....
c. Aquecer → ....
d. Confiar → ....
e. Doente → ....
f. Alegre → ....
g. Mentir → ....
h. Paciente → ....
i. Pinho → ....

CHAPITRE 10 : FORMATION DES MOTS DÉRIVÉS

 Les contraires des mots suivants se cachent dans cette *sopa de letras* : retrouvez-les !

a. Atenuar
b. Importado
c. Embarcar
d. Cruel
e. Posteriormente
f. Emagrecer
g. Preguiçosa
h. Semanal
i. Descolagem
j. Rapazão
k. Validação
l. (Ensino) básico

```
L V I N T E N S I F I C A R O
S P I N D E S E M B A R C A R
E C R C O R A J O S A F O A S
C H A N T E R I O R M E N T E
U U E X P O R T A D O S J E N
N M S U R I R V I G A M O R G
D P E T C A L I S A I D A R O
A F I N H A T A A B U L L A R
R A R O S S E N S I V E L G D
I X R A P A Z I T O U N I E A
O C A N C E L A M E N T O M R
```

Verbes dérivés de *fazer*, *pedir*, *pôr*, *ter*, *ver* et *vir*

Voici quelques exemples de verbes dérivés de **fazer**, **pedir**, **pôr**, **ter**, **ver** et **vir**. Ils suivront le même modèle de conjugaison.

- **fazer**, *faire* : **desfazer**, *défaire* ; **satisfazer**, *satisfaire*
- **pedir**, *demander* : **impedir**, *empêcher* ; **despedir-se**, *prendre congé / dire au revoir*
- **pôr**, *mettre* : **compor**, *composer* ; **opor**, *opposer* ; **propor**, *proposer* ; **supor**, *supposer*
- **ter**, *avoir* : **conter**, *contenir* ; **deter**, *détenir* ; **manter**, *maintenir* ; **obter**, *obtenir*
- **ver**, *voir* : **prever**, *prévoir* ; **rever**, *revoir*
- **vir**, *venir* : **convir**, *convenir* ; **intervir**, *intervenir* ; **provir**, *provenir*

À noter
- L'infinitif des verbes dérivés de **pôr** n'a pas d'accent circonflexe, contrairement au verbe d'origine.
- Pour les dérivés de **ter**, on ajoutera un accent aigu aux 2e et 3e personnes du singulier du présent de l'indicatif.
  Ex. : **deténs**, *tu détiens* ; **ele mantém**, *il maintient*.

CHAPITRE 10 : FORMATION DES MOTS DÉRIVÉS

 Déduisez le sens des verbes suivants et reliez-les à leur définition.

1. Advir •
2. Desfazer •
3. Dispor •
4. Entreter-se •
5. Expor •
6. Impedir •
7. Rarefazer-se •

• a. pôr em ordem
• b. resultar
• c. apresentar
• d. dissolver
• e. diminuir
• f. não permitir
• g. distrair-se

 Conjuguez les verbes au temps qui convient.

a. O Estado .... aumento do salário mínimo. (**prever**)

b. Eu .... o pacote na semana passada. (**expedir**)

c. Atualmente, a população .... nas aldeias. (**rarefazer-se**)

d. Nós .... a nacionalidade portuguesa no ano passado. (**obter**)

e. Antigamente, as crianças .... com poucos brinquedos. (**entreter-se**)

f. O Yin e yang .... e completam-se ao mesmo tempo. O Tuan .... na próxima aula para explicar estes princípios da filosofia chinesa. (**opor-se/intervir**)

g. Os nossos cosméticos só .... ingredientes naturais para que eles .... os nossos clientes. .... que a qualidade da nossa marca seja uma prioridade. (**conter/satisfazer/convir**)

Bravo, vous êtes venu(e) à bout du chapitre 10 !
Il est maintenant temps de comptabiliser les icônes et de reporter le résultat en page 128 pour l'évaluation finale.

11 Mots composés et leur pluriel

Mots formés par composition

Les mots composés se forment à partir de deux ou plusieurs mots.
Il peut s'agir d'un procédé :
- d'**agglutination** de mots. Ex. : **água + ardente**
  ➜ **aguardente**, *eau-de-vie*.
- de **juxtaposition** de deux mots liés par un *trait d'union* (**hífen**) ou par une préposition.
  Ex. : **guarda-chuva**, *parapluie* ; **chapéu de sol**, *parasol*.

À noter
- Accent tonique : pour les mots agglutinés, c'est l'accent tonique du dernier mot qui sera conservé. Ex. : **aguardente**. Les mots juxtaposés, quant à eux, conserveront chacun leur accent tonique. Ex. : **arco-íris**, *arc-en-ciel*.
- Les mots composés peuvent acquérir un sens différent des mots qui les constituent et ne pourront pas être traduits mot à mot. Ex. : **amor-perfeito**, *pensée sauvage* (fleur).
- Quelques exceptions seront liées par une préposition et par des traits d'union. Ex. : **cor-de-rosa**, *rose* (la couleur).

 1 Indiquez si les mots composés suivants sont formés par agglutination ou par juxtaposition.

		Agglutination	Juxtaposition
a.	fim de semana, *week-end*		
b.	girassol, *tournesol*		
c.	obra-prima, *chef-d'œuvre*		
d.	pernalta, *échassier*		
e.	planalto, *plateau* (géographie)		
f.	saca-rolhas, *tire-bouchon*		
g.	algodão-doce, *barbe à papa*		

CHAPITRE 11 : MOTS COMPOSÉS ET LEUR PLURIEL

2 Quatre mots de la liste suivante ne se traduiront pas mot à mot. Trouvez-les et donnez leur traduction.

a. Aguardente   b. Afro-brasileiro   c. Quinta-feira   d. Pontapé
e. Passatempo   f. Perna de pau   g. Guarda-roupa

→ ....

3 Soulignez l'accent tonique des mots composés suivants.

a. segunda-feira   d. pernalta
b. pontapé   e. girassol
c. chapéu de sol   f. luso-francês

4 Reliez les éléments de chaque colonne afin de former des mots composés par juxtaposition.

1. primeiro •   • a. nascido   → ....
2. abre •   • b. voz   → ....
3. porta •   • c. latas   → ....
4. bem •   • d. feira   → ....
5. terça •   • e. ministro → ....
6. récem •   • f. económico → ....
7. mal •   • g. vindo   → ....
8. rainha •   • h. mãe   → ....
9. sócio •   • i. humorado → ....

5 Entourez les mots appartenant au champ lexical de l'alimentation.

COUVE-FLOR   COR DE LARANJA   ARROZ-DOCE
PEIXE-ESPADA   VAIVÉM   SOBREMESA
ESTRELA-CADENTE BATATA-DOCE   AGRIDOCE
MIL-FOLHAS   PRÉ-REQUISITO   RODA-GIGANTE

CHAPITRE 11 : MOTS COMPOSÉS ET LEUR PLURIEL

6 Ces mots composés comportent des parties du corps : reconstituez-les.

BOCA cabeças COSTAS MÃO PERNA

a. Guarda-................................, *garde du corps*

b. .... de obra, *main-d'œuvre*

c. Quebra-................................, *casse-tête*

d. Bate-................................, *altercation*

e. ....-de-pau, *jambe de bois*

7 Quels mots composés sont représentés ?

  a. _ _ _ _ - _ _ _ _

 c. _ _ _ _ _ _ _ _ _ _ _ _

 b. _ _ _ _ - _ _ _ _ _ _

 d. _ _ _ _ _ _ _ _

Le pluriel des mots composés par agglutination

Étant donné que les mots composés par agglutination ne forment qu'un seul élément, ils suivront les règles classiques du pluriel : **aguardente ➜ aguardentes**.
Exception : Le mot *parachute* aura la même forme au singulier et au pluriel, **o/ os paraquedas**.

8 Mettez les mots suivants au pluriel.

a. Passaporte ➜ ....

b. Girassol ➜ ....

c. Altiplano ➜ ....

d. Pontapé ➜ ....

e. Passatempo ➜ ....

f. Pernalta ➜ ....

g. Corrimão ➜ ....

CHAPITRE 11 : MOTS COMPOSÉS ET LEUR PLURIEL

Le pluriel des mots composés par juxtaposition

Dans le cas des mots composés par juxtaposition, comment procéder lorsqu'il s'agit de les mettre au pluriel ?

- **Les deux éléments se mettent au pluriel** quand le mot se compose d'un :
  - nom + nom. Ex. : **peixe-espada** ➜ **peixes-espadas**, *poissons-sabres* ;
  - adjectif + adjectif. Ex. : **surdo-mudo** ➜ **surdos-mudos**, *sourds-muets* ;
  - nom + adjectif ou adjectif + nom. Ex. : **arroz-doce** ➜ **arrozes-doces**, *riz au lait* ;
  - nombre + nom. Ex. : **segunda-feira** ➜ **segundas-feiras**, *lundis*.

Exception : palavras-chave, *mots de passe*

- Seul le premier élément se met au pluriel si le mot composé comporte une **préposition** : **pão de ló** ➜ **pães de ló**, gâteau portugais semblable à la génoise.

- Seul le second élément se met au pluriel avec un :
  - verbe + nom. Ex. : **beija-flor** ➜ **beija-flores**, *colibris* ;
  - mot invariable + nom/adjectif/verbe. Ex. : **bem-parecido** ➜ **bem-parecidos**, beaux.

- **À noter :** Certains mots composés auront la même forme au singulier et au pluriel :
  - ➜ **o/os guarda-redes**, *le/les gardien(s) de but*
  - ➜ **o/os guarda-costas**, *le/les garde(s) du corps*
  - ➜ **o/os salva-vidas**, *le/les sauveteur(s)*
  - ➜ **o/os saca-rolhas**, *le/les tire-bouchon(s)*

9 Retrouvez le bon pluriel pour chaque mot composé.

	A	B
1. baixo-relevo	baixo-relevos	baixos-relevos
2. bem-sucedido	bem-sucedidos	bens-sucedidos
3. guarda-chuva	guarda-chuvas	guardas-chuvas
4. sócio-cultural	sócio-culturais	sócios-culturais
5. primeiro-ministro	primeiro-ministros	primeiros-ministros

CHAPITRE 11 : MOTS COMPOSÉS ET LEUR PLURIEL

 Mettez les mots composés suivants au pluriel.

a. quarta-feira → ....

b. cofre-forte → ....

c. guarda-noturno → ....

d. super-herói → ....

e. lobisomem → ....

f. pós-graduação → ....

g. bem-parecido → ....

h. sala de jantar → ....

i. pão de ló → ....

j. franco-espanhol → ....

k. guarda-redes → ....

l. pequeno-almoço → ....

m. quebra-noz → ....

Placez les mots composés au bon endroit et faites l'accord en genre et en nombre.

SALADA DE POLVO   LUSO-BRASILEIRO   CURTA-METRAGEM   SURDO-MUDO   BEM-VINDO
CHAPÉU DE SOL   MAL-TRATO   BRINCOS-DE-PRINCESA, *FUCHSIAS*   ABAIXO-ASSINADO, *PÉTITION*

a. Carolina, seja .... na nossa equipa.

b. Estas .... foram filmadas no Alentejo.

c. Os .... são indispensáveis para passar o dia na praia.

d. Queríamos duas .... para levar.

e. Os .... são as flores preferidas da minha mãe.

f. As novas alunas são ....

g. Nós aprendemos a linguagem gestual para poder comunicar com ....

h. Hoje em dia, pode-se criar .... on-line.

i. Esta associação luta pela causa animal denunciando situações de abandono, negligência e ....

CHAPITRE 11 : MOTS COMPOSÉS ET LEUR PLURIEL

12 **Complétez avec la nasale manquante.**

a. O corrim__
b. Os p___ de ló
c. O lobisom__
d. Os feij___-verdes

> ### Adjectif de couleur et pluriel
>
> L'adjectif indiquant la couleur restera invariable dans les cas suivants :
> - adjectif de couleur + nom.
>   Ex. : **vernizes vermelho-sangue**, *des vernis rouge sang* ;
> - adjectif de couleur + **claro(s)/escuro(s)**.
>   Ex. : **olhos azul-claros**, *des yeux bleu clair*.
>
> **À noter :** En revanche, si la couleur fait fonction de nom, on l'accordera :
> **os azuis-claros** → *les bleus clairs*.

13 **Mettez les expressions suivantes au pluriel.**

Ex. : **Uma telha cinza-ardósia.** → **Telhas cinza-ardósia.**
→ *Une tuile gris ardoise.* → *Des tuiles gris ardoise.*

a. O verde-escuro. → ....
b. Um casaco azul-marinho. → ....
c. Um sofá amarelo-canário. → ....
d. Um figo roxo-escuro. → ....
e. Uma mesa castanho-clara. → ....
f. Um cachecol azul-claro. → ....
g. Um vestido vermelho-sangue. → ....
h. Uma pedra verde-esmeralda. → ....

Bravo, vous êtes venu(e) à bout du chapitre 11 !
Il est maintenant temps de comptabiliser les icônes et de reporter le résultat en page 128 pour l'évaluation finale.

83

Plus-que-parfait simple de l'indicatif

Formation et emploi du plus-que-parfait simple de l'indicatif

- Le *plus-que-parfait simple*, **pretérito mais-que-perfeito simples**, se forme à partir du radical de la 3ᵉ personne du pluriel du *prétérit* (**pretérito perfeito simples**) auquel on ajoute les terminaisons -**a**, -**as**, -**a**, -**amos**, -**am**.

	Prétérit	Plus-que-parfait simple
visitar	eles visitaram	visitar**a**, visitar**as**, visitar**a**, visit**á**r**amos**, visitar**am**
fazer	eles fizeram	fizer**a**, fizer**as**, fizer**a**, fiz**é**r**amos**, fizer**am**
ir/ser	eles foram	for**a**, for**as**, for**a**, f**ô**r**amos**, for**am**

- Le plus-que-parfait simple s'utilise à l'écrit, dans un registre de langue soutenu. On l'emploie lorsqu'on parle :
  - d'une action passée survenue avant une autre action passée (antériorité).
    Ex. : **Uma vez no comboio, ela deu-se conta de que esquecera o anel.**
    → *Une fois dans le train, elle s'aperçut qu'elle avait oublié sa bague.*
  - de faits situés dans un passé lointain, plus ou moins précis.
    Ex. : **O Jonas visitara muitos países nesse período da sua vida.**
    → *Jonas avait visité de nombreux pays à cette période de sa vie.*

- **À noter**
  - Remarquez la syllabe tonique (syllabe prononcée avec le plus d'intensité) : **esque̱cera** ; **fo̱ras** ; **soubé̱ramos** ; **fize̱ram**.
  - La 1ʳᵉ personne du pluriel prend un accent graphique : **visitáramos**, *nous avions visité* ; **abríramos**, *nous avions ouvert*. Pour les verbes en -**er**, on mettra un accent circonflexe (**e** fermé) s'ils sont réguliers et un accent aigu (**e** ouvert) s'ils sont irréguliers : **comêramos**, *nous avions mangé* ; **fizéramos**, *nous avions fait*.
  - La 3ᵉ personne du pluriel a la même forme au prétérit et au plus-que-parfait simple : **visitaram** → *ils ont visité* ou *ils avaient visité*. Le contexte nous indiquera de quel temps il s'agit mais, en général, on emploiera le plus-que-parfait composé pour éviter toute ambiguïté.

CHAPITRE 12 : PLUS-QUE-PARFAIT SIMPLE DE L'INDICATIF

1 **Soulignez la syllabe tonique.**

a. redigira

b. tiveras

c. encontráramos

d. puderam

e. comêramos

f. quiseras

g. fora

2 **Placez l'accent graphique.**

a. falaramos

b. entenderamos

c. abriramos

d. foramos

e. puseramos

f. dormiramos

g. souberamos

h. escolheramos

i. lutaramos

j. trouxeramos

3 **Conjuguez les verbes au plus-que-parfait simple de l'indicatif.**

a. Eu ....-lhe o anel de que tanto gostava. **oferecer**

b. Ele .... um emprego, ...
e .... filhos. **encontrar / casar / ter**

c. Ela começou a recitar o poema que .... na véspera. **redigir**

d. A situação .... ridícula. Nós não .... comentar. **tornar-se / querer**

e. O avô contava que .... marinheiro antes de casar. **ser**

f. Eles ....-lhe uma lembrança de viagem. **trazer**

g. Gerson era um homem ambicioso que .... na Itália. **instalar-se**

h. Quando entrámos, já ela .... Não ....
nada, ... tudo como estava. **sair / dizer / deixar**

CHAPITRE 12 : PLUS-QUE-PARFAIT SIMPLE DE L'INDICATIF

Literatura, *littérature*

capa (de um livro)	*couverture (d'un livre)*	género	*genre*
capítulo	*chapitre*	conto (de fadas)	*conte (de fées)*
desenlace	*dénouement*	epopeia	*épopée*
herói/heroína	*héros/héroïne*	fábula	*fable*
heterónimo	*hétéronyme*	história aos quadradinhos	*bande dessinée*
a narração	*le récit*		
narrador	*narrateur*	lenda	*légende*
narrar/relatar	*narrer/relater*	novela	*nouvelle*
obra	*œuvre*	poesia	*poésie*
obra-prima	*chef-d'œuvre*	estrofe	*strophe*
a personagem	*le personnage*	poeta/poetisa	*poète/poétesse*
rascunho	*brouillon*	rima	*rime*
romance	*roman*	soneto	*sonnet*
romancista	*romancier/romancière*	verso	*vers*

 Placez les mots au bon endroit et découvrez quelques faits marquants de la littérature portugaise.

AUTOR   EPOPEIA   HETERÓNIMOS   OBRA-PRIMA
PRÉMIO   RELATA   ROMANCE   SONETO

a. Luís Vaz de Camões escreveu a .... *Os Lusíadas*. Esta .... foi publicada em 1572.

b. « Amor é fogo que arde sem se ver » é um .... muito famoso de Camões.

c. O poeta Fernando Pessoa criou .... ou seja personalidades com estilo próprio.

d. José Saramago ganhou o .... Nobel da Literatura em 1998. O seu .... *Ensaio sobre a cegueira* foi adaptado ao cinema.

e. *Amor de Perdição* de Camilo Castelo Branco .... a paixão entre Simão e Teresa.

f. O .... brasileiro Machado de Assis escreveu *Dom Casmurro* em 1899.

CHAPITRE 12 : PLUS-QUE-PARFAIT SIMPLE DE L'INDICATIF

 5 Complétez ces mots croisés sur le thème de la littérature à l'aide des définitions données.

1. Repetição de sons usada nos poemas.
2. Sinónimo de contar.
3. Autor de romances.
4. Figura fictícia de uma obra.
5. Texto formado por versos.
6. Divisão de um texto poético.
7. Divisão de uma obra.
8. Voz que conta a história.
9. Texto breve parecido com o romance.
10. Texto preparatório da versão final.
11. Texto poético que relata feitos gloriosos e valoriza um ou vários heróis.
12. Fim de uma história.

CHAPITRE 12 : PLUS-QUE-PARFAIT SIMPLE DE L'INDICATIF

6 À quel genre littéraire appartiennent les titres suivants ?

a. A Gata Borralheira, *Cendrillon* → ....

b. A Cigarra e a Formiga, *La Cigale et la Fourmi* → ....

c. Astérix o Gaulês, *Astérix et Obélix* → ....

7 Soulignez les verbes conjugués au plus-que-parfait simple dans ces deux extraits littéraires puis indiquez si les affirmations sont vraies (V) ou fausses (F).

> Amava Simão uma sua vizinha (Teresa), menina de quinze anos, rica herdeira, regularmente bonita e bem-nascida. Da janela de seu quarto é que ele a vira a primeira vez, para amá-la sempre. Não ficara ela incólume da ferida que fizera no coração do vizinho: amou-o também, e com mais seriedade que a usual nos seus anos.
>
> Camilo Castelo Branco, *Amor de Perdição* (1862)

> Nisto olhei para o muro, o lugar em que ela estivera riscando, escrevendo ou esburacando, como dissera a mãe. Vi uns riscos abertos, e lembrou-me o gesto que ela fizera para cobri-los. Então quis vê-los de perto, e dei um passo. Capitu agarrou-me, mas, ou por temer que eu acabasse fugindo, ou por negar de outra maneira, correu adiante e apagou o escrito. Foi o mesmo que acender em mim o desejo de ler o que era.
>
> Machado de Assis, *Dom Casmurro* (1899)

a. Simão était amoureux de sa voisine Teresa. ....

b. La première fois, il l'avait vue de la fenêtre de son salon. ....

c. Teresa était issue d'un milieu modeste. ....

d. Teresa ne partageait pas les sentiments de Simão. ....

e. Capitu avait inscrit quelque chose sur le mur. ....

f. Elle avait fait en sorte de recouvrir l'inscription. ....

g. Le narrateur (Dom Casmurro) ne chercha pas à voir de quoi il s'agissait. ....

h. Capitu courut et effaça l'inscription. ....

Vocabulaire

incólume	saine et sauve
esburacar	trouer

CHAPITRE 12 : PLUS-QUE-PARFAIT SIMPLE DE L'INDICATIF

Plus-que-parfait simple ou composé ?

En portugais, il existe deux plus-que-parfaits : l'un simple (un seul élément), l'autre composé (deux éléments). Ils ont la même valeur mais le premier sera employé dans la langue écrite littéraire, tandis que le second sera utilisé dans le langage courant, aussi bien écrit qu'oral.

Pour rappel, le *plus-que-parfait composé* (**pretérito mais-que-perfeito composto**) de l'indicatif se construit avec l'auxiliaire **ter** conjugué à l'imparfait + le **participé passé** du verbe (qui sera invariable) :

PLUS-QUE-PARFAIT SIMPLE	PLUS-QUE-PARFAIT COMPOSÉ
Ela deixara o livro na mesa.	**Ela tinha deixado o livro na mesa.**

→ *Elle avait laissé son livre sur la table.*

8. Donnez les formes verbales équivalentes au plus-que-parfait composé.

a. Eu visitara → .... c. Ela escrevera → ....

b. Nós víramos → .... d. Tu foras (ir) → ....

9. Conjuguez les verbes au plus-que-parfait composé afin de compléter les phrases.

a. Quando chegámos a Lisboa, o José já .... 10 anos. **fazer**

b. O Duarte nunca .... tão intrusivo como naquele dia. **ser**

c. A Inês .... roupa elegante. **vestir**

d. Os vizinhos desconfiavam, ... que ele mentia. **descobrir**

e. Nós .... o Kieran na Irlanda. **conhecer**

f. O Alberto .... no Brasil. **nascer**

Bravo, vous êtes venu(e) à bout du chapitre 12 ! Il est maintenant temps de comptabiliser les icônes et de reporter le résultat en page 128 pour l'évaluation finale.

13
Futur du subjonctif (1)

Le futur du subjonctif : valeur et emploi

Le *futur du subjonctif*, **futuro do conjuntivo**, permet d'exprimer des actions, hypothèses ou éventualités situées dans le futur. Il n'existe pas en français, on le traduira généralement par un présent ou un futur de l'indicatif. On l'utilise avec :

- **quando**, *quand*
  logo que/assim que, *dès que*   **+** futur du subjonctif
  enquanto, *tant que*
  sempre que, *à chaque fois que*

Ces constructions évoquent des actions inscrites dans un futur imprécis.
Ex. : **Avisa-me logo que puderes.** → *Préviens-moi dès que tu peux/pourras.*
Quando eu for embora, fecharei a porta. → *Quand je sortirai, je fermerai la porte.*

- **se**, *si* **+** futur du subjonctif

Cette construction exprime une hypothèse probable dans le futur (à l'inverse de **se** + imparfait du subjonctif qui évoque une hypothèse peu probable).
Ex. : **Se quiserem, podem seguir-me no meu canal Youtube.**
→ *Si vous le souhaitez, vous pouvez me suivre sur ma chaîne Youtube.*

À noter : Dans ces constructions, le **verbe de la proposition principale** sera conjugué à l'impératif, au futur ou présent de l'indicatif.

1 Reliez les éléments afin de reconstituer les phrases puis entourez celle dans laquelle on utilise du futur du subjonctif.

a. Quando eu era criança, •   • 1. ao hotel, telefona-me.
b. Até amanhã, •   • 2. quando é urgente.
c. Respondo sempre •   • 3. passava as férias na casa dos meus avós.
d. Quando chegares •   • 4. compraria um iate.
e. Se eu fosse rico, •   • 5. se Deus quiser.

CHAPITRE 13 : FUTUR DU SUBJONCTIF (1)

2 Traduisez les phrases suivantes.

a. Quando tiveres a carta de condução, iremos passar férias para o Algarve.

→ ....

b. Se vocês gostarem de música latina, aprendam a dançar salsa!

→ ....

c. Envia-me o link assim que puderes.

→ ....

3 Complétez avec *se*, *quando*, *enquanto*, *sempre que*.

a. .... eu for grande, quero ser bombeiro.

b. .... estiveres em Lisboa, dorme na casa da tia.

c. .... quiserem ajudar-me, podem curtir o meu vídeo.

d. .... precisares de mim, estarei aqui.

4 Ces hypothèses sont-elles probables ou, à l'inverse, peu probables ? Indiquez s'il s'agit du futur ou de l'imparfait du subjonctif.

	Subjonctif futur	Subjonctif imparfait
a. Se tivermos lugares, vamos ao concerto dos Calema.	☐	☐
b. Se tivéssemos uma nave espacial, iríamos até à lua.	☐	☐
c. Se vocês forem ao Brasil, visitem os Lençóis do Maranhão.	☐	☐
d. Se souberes o endereço dele, envia-mo por favor.	☐	☐

CHAPITRE 13 : FUTUR DU SUBJONCTIF (1)

Le futur du subjonctif : formation

Le futur du subjonctif se forme à partir de la 3ᵉ personne du pluriel du *prétérit* (**Pretérito Perfeito Simples**) à laquelle on retire **-am** et on ajoute les désinences :
- **-es** à la 2ᵉ personne du singulier (**tu**)
- **-mos** à la 1ʳᵉ personne du pluriel (**nós**)
- **-em** à la 3ᵉ personne du pluriel (**eles/elas/vocês**)

À noter Il n'y a pas de désinences pour la 1ʳᵉ et la 3ᵉ personnes du singulier.

Le mécanisme est donc le suivant :

	Prétérit (indicatif)	Futur du subjonctif
falar	falar~~am~~	falar, falares, falar, falarmos, falarem
estar	estiver~~am~~	estiver, estiveres, estiver, estivermos, estiverem
fizer	fizer~~am~~	fizer, fizeres, fizer, fizermos, fizerem

5 Repérez le verbe qui est au futur du subjonctif dans cet extrait de *Desafinado* (João Gilberto).

> Se você disser que eu desafino, amor
> Saiba que isto em mim provoca imensa dor
> Só privilegiados têm ouvido igual ao seu
> Eu possuo apenas o que Deus me deu

6 Formez le futur du subjonctif à partir du prétérit.

	Prétérit	Futur du subjonctif
a. ganhar	Eles	Eu ....
b. querer	....	Tu ....
c. ir	....	Ele ....
d. comer	....	Você ....
e. fazer	....	Nós ....
f. abrir	....	Elas ....
g. trazer	....	Vocês ....
h. saber	....	Eu ....

CHAPITRE 13 : FUTUR DU SUBJONCTIF (1)

7 Complétez avec les formes du futur du subjonctif.

a. Eles / pôr ➔ ....
d. Vocês / vir ➔ ....
b. Você / estar ➔ ....
e. Eu / fazer ➔ ....
c. Nós / falar ➔ ....

8 Complétez les phrases en conjugant les verbes donnés au futur du subjonctif.

a. Sempre que .... possível, participarei na conferência sobre o impacto das redes sociais. **ser**

b. Quando vocês ...., poderão criar um perfil no Facebook. **crescer**

c. Se não .... a minha última publicação, avisem-me! **ver**

d. Se tu me .... que são úteis, farei mais tutoriais. **dizer**

e. Gravo mais reels assim que .... **poder**

f. Colaboraremos com marcas enquanto .... uma comunidade interessada. **ter**

As redes sociais, *les réseaux sociaux*

Que ce soit Facebook, Instagram ou TikTok, les réseaux sociaux ont envahi notre quotidien. Qu'on y adhère ou pas, il sera toujours utile d'en connaître le vocabulaire de base !

blogue	*blogue*
comentário	*commentaire*
comunidade	*communauté*
conteúdo	*contenu*
curtir/gostar	*aimer/liker*
emoji/smiley	*émoji*
feed de notícias	*fil d'actualité*
influenciador(a)	*influenceur/ influenceuse*
link	*lien*
marcar	*taguer*

membro/assinante/ seguidor	*membre/abonné/ follower*
menção	*mention*
mensagem privada	*message privé*
notificações	*notifications*
(com)partilhar	*partager*
perfil	*profil*
publicação/postagem	*publication/post*
seguir	*suivre*
status	*statut*
tornar-se viral	*faire le buzz*
tutorial	*tutoriel (tuto)*
reel/story	*réel/story (vidéos courtes)*
visualizações	*vues*

CHAPITRE 13 : FUTUR DU SUBJONCTIF (1)

9 Quels mots se cachent derrière ces définitions ?

a. Lista de publicações atualizada. → _ _ _ _ DE _ _ _ _ _ _ _ _

b. Pessoas que seguem um perfil. → _ _ G _ _ _ _ _ _ _

c. Número de vezes que os usuários viram um conteúdo. → V _ _ _ _ _ _ _ _ _ _ _

d. Pessoa que tem visibilidade nas redes sociais por ser seguido.

→ _ _ _ _ _ _ _ _ _ _ D _ _

e. Sites onde se estabelecem relações através de postagens, fotos e vídeos.

→ R _ _ _ _ S _ _ _ _ _ _

10 Reliez les mots synonymes.

1. Postar •   • a. Vídeo curto
2. Status •   • b. Situação pessoal
3. Reel •   • c. Publicar
4. Partilhar •   • d. Aviso
5. Notificação •   • e. Divulgar

11 Que représentent les icônes suivantes ?

a. _ U  _ _ _ _   b. _ _ _ _ I    c. _ _ _ _ _ _ Á  _ _ _   d. P _ _ _ _ _ _ _

Bravo, vous êtes venu(e) à bout du chapitre 13 !
Il est maintenant temps de comptabiliser les icônes et de reporter le résultat en page 128 pour l'évaluation finale.

14
Futur du subjonctif (2)

Futur du subjonctif VS Infinitif personnel

Vous l'avez sans doute remarqué : les désinences du futur du subjonctif sont les mêmes que celles utilisées pour l'infinitif personnel. Il faudra donc veiller à ne pas les confondre, d'autant que les verbes réguliers auront exactement la même forme.

Une petite astuce pour les distinguer ? Prêtez attention au terme qui précède le verbe (**para**, **quando**, **se**…) et si le doute persiste, reformulez avec un verbe irrégulier ! Ex. :

- **Visitamos a exposição para conhecermos mais sobre o Japão.**
  → *Nous visitons l'exposition pour en connaître davantage sur le Japon.*
  → **Visitamos a exposição para sabermos mais sobre o Japão.** → infinitif personnel
  ~~soubermos~~

- **Telefona-me quando partires.** → *Téléphone-moi quand tu partiras.*
  → **Telefona-me quando fores embora.** → futur du subjonctif
  ~~ires~~

À noter : Si vous avez besoin de revoir l'infinitif personnel, reportez-vous au *Cahier d'exercices de portugais Faux-débutants (Assimil)*.

❶ Observez ces phrases et indiquez si les verbes en gras sont à l'infinitif personnel ou au futur du subjonctif.

	Infinitif personnel	Futur du subjonctif
a. É melhor **utilizarem** as redes sociais com moderação.		
b. Quando **for** a Lisboa, visitarei o museu do Oriente.		
c. Vai mais cedo para **assistir** à conferência.		
d. É importante nós **termos** uma alimentação saúdavel.		
e. Se **chegares** mais tarde, avisa-me.		
f. Vamos a Lisboa para **visitarmos** o Mosteiro dos Jerónimos.		

CHAPITRE 14 : FUTUR DU SUBJONCTIF (2)

2 Sélectionnez la bonne traduction.

1. É importante protegermos as crianças das redes sociais.
   - **a.** C'est important et nous protégerons les enfants des réseaux sociaux.
   - **b.** Il est important que nous protégions les enfants des réseaux sociaux.

2. Se fizeres o que sempre fizeste, obterás o mesmo resultado.
   - **a.** Si tu fais ce que tu as toujours fait, tu obtiendras le même résultat.
   - **b.** Si tu faisais ce que tu as toujours fait, tu obtiendrais le même résultat.

3. Logo que tiver recebido o meu diploma, irei de férias.
   - **a.** Dès que je reçois mon diplôme, je partirai en vacances.
   - **b.** Dès que j'aurai reçu mon diplôme, je partirai en vacances.

4. Se eu tivesse mais tempo, iria ao oceanário.
   - **a.** Si j'ai plus de temps, j'irai à l'oceanarium.
   - **b.** Si j'avais plus de temps, j'irais à l'oceanarium.

Danças, *danses*

bailarino/bailarina	*danseur/danseuse*	figura	*figure*
cenografia	*mise en scène*	passo(s)	*pas*
convidar	*inviter*	rodar/girar	*tourner*
coreografia	*chorégraphie*	rodopiar	*tournoyer*
coreógrafo	*chorégraphe*	o samba	*la samba*
dançar/bailar	*danser*	sapateado	*claquettes*
decorar	*apprendre par cœur*		
espetáculo	*spectacle*		

3 À quels termes renvoient les définitions suivantes ?

a. Pessoa que concebe uma coreografia. → ....

b. Pedir a alguém para dançar. → ....

c. Girar constantemente. → ....

d. Movimentos executados pelos bailarinos. → ....

   e ....

e. Dança caraterizada pelo ritmo criado com o ruído dos saltos dos sapatos.

   → ....

CHAPITRE 14 : FUTUR DU SUBJONCTIF (2)

4 Complétez les phrases avec les mots manquants.

`girar` `kizomba` `cenografia` `salsa` `bailarinos` `decorar`

a. A .... remete para a conceção de cenários artísticos para espetáculos.

b. Os .... que dançam valsa não param de ....

c. A .... surgiu em Cuba nos anos 1940.

d. Para .... uma coreografia é preciso aprender de cor os passos.

e. A .... é uma dança sensual de origem angolana que mistura ritmos africanos com figuras de Tango.

5 Reliez les icônes-danses à leur description.

1.

2.

3.

a. Dança brasileira caraterística do Carnaval.

b. Estilo musical no qual a letra é dita de forma rápida e ritmada.

c. Dança espanhola acompanhada pelo ritmo de guitarras e palmas.

Autres emplois avec le futur du subjonctif

On emploie également le futur du subjonctif :

- dans des propositions subordonnées relatives, après **onde**, **que**, **quem** ou **quanto**. Ex. : **Todos os bailarinos que participarem à aula, têm de confirmar a presença por email.** → *Tous les danseurs qui participeront au cours doivent confirmer leur présence par e-mail* ;

- après **como**. Ex. : **Como quiseres.** → *Comme tu veux/voudras.*

CHAPITRE 14 : FUTUR DU SUBJONCTIF (2)

6 Vous êtes professeur de salsa et préparez du contenu pour vos réseaux sociaux : complétez votre texte d'introduction en conjuguant les verbes au futur du subjonctif.

> Olá a todos! Sejam bem-vindos para mais uma aula de salsa on-line!
>
> Quem .... (**querer**) aprender a dançar salsa, está no bom lugar. Podem assistir ao vídeo em direto ou salvar para vê-lo quando .... (**ter**) tempo, é como .... (**preferir**).
>
> Todas as pessoas que .... (**desejar**) convidar amigos para participarem na transmissão ao vivo, só têm de enviar solicitação.
>
> Hoje, vamos continuar a coreografia da semana passada. Os salseros que não .... (**saber**) o início da coreografia, poderão encontrar o link na descrição.
>
> Podem interagir a qualquer momento através de gostos e comentários.
>
> Se .... (**haver**) alguma dúvida sobre o nome dos passos e figuras, perguntem-me! Estou disposto a responder a tudo quanto .... (**poder**).
>
> Assim que .... (**estar**) prontos, sigam-me! Vamos a isso! E um, dois, três..., cinco, seis, sete...

7 Complétez à présent votre texte de conclusion en plaçant les verbes et expressions au bon endroit !

aula	brilhará	compartilharem	coreografia	estiver	for
quem	seguidores	sempre que	terá	viral	virem

Acabou a nossa .... de hoje: se .... as minhas dicas, por favor marquem-me. Espero que esta coreografia se torne ....! Todos os .... que .... o direto de amanhã, aprenderão a terceira e última parte da .... O primeiro que .... conetado, ... uma surpresa.

Para a aula da próxima semana, proponho-vos um desafio: dancem salsa num lugar inesperado e enviem-me o vídeo. Dancem onde .... mais original

CHAPITRE 14 : FUTUR DU SUBJONCTIF (2)

e encantador. .... fizer a melhor dança

e cenografia ganhará dois bilhetes para o concerto de Los Van Van.

Um abraço e não se esqueçam: .... sentirem desânimo,

dancem salsa e o vosso sol interior ....!

Le futur composé du subjonctif

- Le *futur composé du subjonctif* (**futuro composto do conjuntivo**) permet d'exprimer une action future qui dépend d'une autre action future. On le traduira généralement par le futur antérieur en français.

- Pour le former, on utilise **ter** au futur du subjonctif suivi du participe passé :

eu	tiver
tu	tiveres
ele/ela/você	tiver
nós	tivermos
eles/elas/vocês	tiverem

  + participe passé

  Ex. : **Quando eu tiver terminado**, comunicar-vos-ei uma conclusão.
  → *Quand j'aurai terminé, je vous communiquerai une conclusion.*

- Ses règles d'emploi seront les mêmes que celles du futur du subjonctif.

- Le verbe de la proposition principale pourra être conjugué au futur de l'indicatif (ou **ir** + infinitif), au présent de l'indicatif, ou à l'impératif.

8 Remettez les éléments dans l'ordre de façon à reconstituer les phrases.

a. reservado / quem / participar / só / tiver / pode / .

→ ....

b. os passos / enquanto / não / dançar / tiveres / não / aprendido / poderás / salsa / , / .

→ ....

c. adicionarei / tiver / assim que / stories / a casa / mais / chegado / , / .

→ ....

d. filmar / um lugar / tiverem / para / quando / avisem-me / encontrado / , / .

→ ....

CHAPITRE 14 : FUTUR DU SUBJONCTIF (2)

9 Complétez avec le futur composé du subjonctif.

a. Assim que os seguidores .... o vídeo, deixarão uns comentários. **ver**

b. Quando vocês .... o vídeo, enviem-mo. **fazer**

c. Enquanto tu não .... o convite, não poderás aceder aos conteúdos. **aceitar**

d. Só descansaremos quando .... a coreografia toda. **terminar**

e. Começarei a filmar logo que .... o meu texto todo. **escrever**

f. Quem .... a resposta certa ganhará uma aula de salsa. **descobrir**

g. Se vocês não ...., comecem por visualizar o lembrete. **treinar**

Bravo, vous êtes venu(e) à bout du chapitre 14 ! Il est maintenant temps de comptabiliser les icônes et de reporter le résultat en page 128 pour l'évaluation finale.

15
Passé et plus-que-parfait du subjonctif

Pretérito perfeito composto do conjuntivo, passé (composé) du subjonctif

- Le passé du subjonctif se forme avec **ter** au présent du subjonctif suivi du participe passé (invariable) du verbe :

eu	**tenha**
tu	**tenhas**
ele/ela/você	**tenha**
nós	**tenhamos**
eles/elas/vocês	**tenham**

  + participe passé

- Il s'utilise pour parler d'une action terminée par rapport au présent ou au futur et suit les mêmes règles d'emploi que le présent du subjonctif (reportez-vous aux chapitres 2 et 3 si besoin). Ex. :

  É possível que o voo tenha sido cancelado.
  → *Il est possible que le vol ait été annulé.*
  Receio que não tenham encontrado a mala.
  → *Je crains qu'ils n'aient pas retrouvé la valise.*

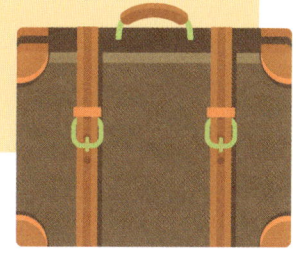

1 Conjuguez les verbes au passé du subjonctif.

a. Nós / encontrar → ....

b. Ela / dormir → ....

c. Vocês / ver → ....

d. Eu / dizer → ....

e. Eles / ser → ....

f. Tu / ter → ....

CHAPITRE 15 : PASSÉ ET PLUS-QUE-PARFAIT DU SUBJONCTIF

2 Sélectionnez la forme verbale correcte et barrez l'autre.

a. Espero que **passaste** / **tenhas passado** umas boas férias.
b. Sei que eles **tenham chegado** / **chegaram** ontem.
c. Talvez não **tenham escrito** / **têm escrito** nada.
d. Lamenta que ontem não **viemos** / **tenhamos vindo** à festa.
e. Esperamos que **tenham feito** / **fazem** a reserva.
f. A Angélica nunca **bebe** / **tenha bebido** álcool.

3 Complétez avec le passé du subjonctif.

a. Não acho que eles .... na classe executiva. **viajar**
b. Espero que o voo não .... cancelado. **ser**
c. Embora nós já .... Cabo Verde, queremos ir outra vez. **visitar**
d. Receio que tu não .... a verdade. **dizer**

Viagem de avião, *voyage en avion*

aterragem	atterrissage
bagagem de mão/cabine	bagage à main/cabine
o cartão de embarque	la carte d'embarquement
check-in	enregistrement
classe executiva/económica	classe affaires/économique
comissário de bordo	steward
companhia aérea	compagnie aérienne
descolagem	décollage
equipagem	équipage
escala	escale
excesso de peso	poids excédentaire

hospedeira	hôtesse de l'air
partidas/chegadas	départs/arrivées
passageiro	passager
perdidos e achados	objets trouvés
o porão	la soute
porta de embarque	porte d'embarquement
voo	vol

À noter
- Les mots en **-agem** sont féminins en portugais : **a aterragem**.
- Au Brésil, on utilise le terme **aeromoça** pour *hôtesse de l'air*.

CHAPITRE 15 : PASSÉ ET PLUS-QUE-PARFAIT DU SUBJONCTIF

4 Entourez l'intrus !

a. Aterragem • descolagem • vantagem • voo

b. Check-in • equipagem • embarque • partidas

5 Quels mots se cachent derrière ces définitions ?

a. Paragem numa viagem de avião: _ S _ _ _ _

b. Categoria num meio de transporte: _ _ A _ _ _

c. Profissão chamada de aeromoça no Brasil: _ _ _ P _ _ _ _ _ _

6 Complétez les phrases avec le vocabulaire manquant.

a. Os artigos frágeis devem ser transportados na bagagem de ....

b. A bagagem de .... não deve ultrapassar os 23 kg.

c. Fiz uma reclamação nos .... e achados.

d. A .... é o momento em que o avião se pousa.

e. Uma vez o check-in efetuado, deverá dirigir-se à porta de .... n.°37.

f. Senhores ...., fala o comissário de ....

g. Informamos que o .... terá um atraso de 30 minutos.

7 C'est la première fois que Lisa voyage en avion avec son bébé de 12 mois et sa valise a été perdue ! Complétez ce dialogue afin de l'aider dans sa démarche auprès des objets trouvés.

efetuaram • tenha sido • tenha posto • tenham efetuado • mala • companhia aérea • aeroporto • tenha preenchido • vermelha

LISA   Boa tarde, a .... da minha bebé não apareceu no tapete, espero que não .... perdida. Pode verificar?

FUNCIONÁRIA   Boa tarde, senhora. Claro mas é preciso que .... o formulário de reclamação.

CHAPITRE 15 : PASSÉ ET PLUS-QUE-PARFAIT DU SUBJONCTIF

LISA — Sim, já o preenchi.

FUNCIONÁRIA — Então os meus colegas já .... a pesquisa?

LISA — Não acho que a ...., não.

FUNCIONÁRIA — Pode descrever a sua mala?

LISA — É ...., de formato médio.

FUNCIONÁRIA — Talvez .... algo para identificar?

LISA — Exatamente, pus um laço roxo e uma etiqueta com o meu nome e número de telemóvel.

FUNCIONÁRIA — Pronto, aguarde um momento, estou a fazer a pesquisa... Já está! A sua mala foi encontrada no .... de Orly, está em trânsito, vai chegar amanhã. Se entretanto precisar de comprar coisas para a sua bebé, conserve as faturas para depois pedir reembolso à ....

LISA — Que alívio! Agradeço muito!

8 Lisa a dû acheter des affaires pour son bébé, saurez-vous reconnaître les articles qui lui sont destinés sur ce ticket de caisse ? Cochez-les !

RECIBO
***
☐ Fraldas
☐ Soro fisiológico
☐ Azeitonas
☐ Puré arroz cenoura
☐ Biberão
☐ Selos
☐ Compota mirtilo maçã
***

CHAPITRE 15 : PASSÉ ET PLUS-QUE-PARFAIT DU SUBJONCTIF

Pretérito mais-que-perfeito composto do conjuntivo, *plus-que-parfait du subjonctif*

- Le plus-que-parfait du subjonctif se construit avec **ter** à l'imparfait du subjonctif suivi du participe passé du verbe :

eu	tivesse	
tu	tivesses	
ele/ela/você	tivesse	**+ participe passé**
nós	tivéssemos	
eles/elas/vocês	tivessem	

- On l'utilise pour parler :
  - d'une action irréelle qui ne s'est pas produite dans le passé.
    Se eu tivesse reservado, teríamos jantado neste restaurante.
    → *Si j'avais réservé, nous aurions dîné dans ce restaurant.**
  - d'une action passée antérieure à une autre action passée.
    Eles não passaram no exame, embora tivessem estudado muito.
    → *Ils n'ont pas réussi l'examen bien qu'ils aient beaucoup étudié.**

  * Le temps utilisé en français ne correspondra pas toujours.

9 **Remettez les mots dans l'ordre afin de reconstituer les phrases.**

a. Se / tido / perdido / mais / terias / cuidado / tivesses / a mala / não / .

→ ....

b. Eles / nota / estudado / embora / boa / tiraram / uma / não tivessem / muito / .

→ ....

10 **Complétez avec le plus-que-parfait du subjonctif.**

a. Se a avó .... mais, teria conhecido a bisneta. **viver**

b. Embora .... um bilhete, não fui ao teatro. **comprar**

c. Se .... a mala, teriam telefonado. **encontrar**

d. Se .... de metro, não tínhamos chegado atrasados. **ir**

e. Tinha ficado dececionada, se tu não me .... este colar. **oferecer**

CHAPITRE 15 : PASSÉ ET PLUS-QUE-PARFAIT DU SUBJONCTIF

Prononcer la lettre x

En portugais, la lettre **x** peut se prononcer [ks], [ch], [s] ou [z] :
- **léxico** [lè**ks**ikou], *lexique*
- **lixo** [li**ch**ou], *poubelle*
- **próximo** [prò**ss**imou], *prochain*
- **exato** [i**z**atou], *exactement*

II. Comment la lettre *x* se prononce-t-elle dans les mots suivants : [ks], [ch], [s] ou [z] ?

a. tá**x**i ....   f. e**x**cesso ....

b. apro**x**imar ....   g. pró**x**imo ....

c. e**x**ecutiva ....   h. cone**x**ão ....

d. e**x**atamente ....   i. lu**x**o ....

e. ro**x**o ....   j. **x**arope ....

Bravo, vous êtes venu(e) à bout du chapitre 15 ! Il est maintenant temps de comptabiliser les icônes et de reporter le résultat en page 128 pour l'évaluation finale.

16
Discours direct et indirect

Discours direct et indirect

Pour passer du discours direct au discours indirect, il faut :

- reformuler à l'aide de **verbes introducteurs** tels que **dizer** ou **contar** + **que** ;
- modifier les **temps verbaux** :
  présent → imparfait   prétérit → plus-que-parfait
  futur → conditionnel ;
- modifier certains **éléments** tels que les pronoms ou les adverbes :
  eu → ele   mim → si/ele   isto → aquilo   amanhã → no dia seguinte.

Ex. : **Eu quero instalar-me em Portugal.** → **Ela disse que queria instalar-se em Portugal.** → *Je veux m'installer au Portugal.* → *Elle a dit qu'elle voulait s'installer au Portugal.*

1 Entourez les verbes qui introduisent le discours indirect.

- **a.** afirmar
- **b.** apagar
- **c.** contar
- **d.** investir
- **e.** pedir
- **f.** perguntar
- **g.** poder
- **h.** responder

2 Reliez les expressions correspondantes.

Discours direct	Discours indirect
1. nós •	• a. no dia seguinte
2. a minha •	• b. naquele dia
3. hoje •	• c. ali
4. aqui •	• d. a sua/dele
5. este •	• e. aquele
6. amanhã •	• f. eles

CHAPITRE 16 : DISCOURS DIRECT ET INDIRECT

3 Soulignez les modifications dues au passage au discours indirect.

a. Onde é que vocês vão de férias?
→ Ela perguntou-nos onde é que íamos de férias.

b. Observaremos os pássaros.
→ Eles disseram que observariam os pássaros.

c. Fiz a pesquisa ontem.
→ Ele afirmou que tinha feito a pesquisa no dia anterior.

4 Aidez-vous des phrases de l'exercice précédent pour donner les correspondances de temps verbaux à l'indicatif lors du passage au discours indirect.

a. Présent → ....

b. Futur → ....

c. Prétérit → ....

Imobiliário, *immobilier*

agente imobiliário	*agent immobilier*
alvará de construção	*permis de construire*
arrendar	*louer*
avaliação imobiliária	*expertise immobilière*
certificado energético	*certificat (de performance) énergétique*
o condomínio	*la copropriété*
condómino/ coproprietário	*copropriétaire*
contrato de arrendamento	*contrat de location/bail*
crédito/ empréstimo	*crédit/prêt*

emprestar	*emprunter/prêter*
escritura de venda	*acte de vente*
imóvel	*bien immobilier*
inquilino	*locataire*
notário	*notaire*
número de contribuinte	*numéro fiscal*
partes comuns	*parties communes*
poupar	*épargner*
a taxa de juro	*le taux d'intérêt*
visto	*visa*

CHAPITRE 16 : DISCOURS DIRECT ET INDIRECT

Reforma, *retraite*

ir para a reforma/reformar-se	*partir à la retraite*
pensão de reforma	*pension de retraite*
reformado/aposentado	*retraité*

À noter

- Le mot **retrete** est un faux ami puisqu'il signifie *toilettes* et non *retraite*.
- Au Brésil, on utilisera les termes **aposentadoria**, **aposentado** et **aposentar-se** (*retraite*, *retraité* et *partir à la retraite*).

5 **Reliez les synonymes.**

1. inquilino •   • a. economizar
2. alugar •   • b. condómino
3. coproprietário •   • c. arrendar
4. poupar •   • d. locatário

6 **Complétez en reformulant avec le discours indirect.**

a. Eu chamo-me Valérie e tenho um visto de residência como reformada.

→ Ela disse que ....
....

b. Queremos arrendar o nosso imóvel e precisamos de alguém para geri-lo.

→ Eles disseram que ....
....

c. Os reformados receberão subsídio de férias melhorado.

→ O ministro anunciou que ....

d. As vantagens fiscais para reformados estrangeiros inflacionaram o mercado de habitação.

→ Ele declarou que ....
....

CHAPITRE 16 : DISCOURS DIRECT ET INDIRECT

7 Complétez ces phrases sur le thème de l'immobilier en plaçant correctement les expressions manquantes.

NOTÁRIO   CERTIFICADO ENERGÉTICO   EMPRÉSTIMO   ALVARÁ
ESCRITURA   CONDOMÍNIO   IMÓVEL   TAXA DE JURO

a. O .... será atualizado uma vez as obras terminadas.

b. O .... decidiu renovar as partes comuns.

c. Vamos pedir um .... ao banco com .... fixa.

d. O .... marcou a .... para a próxima segunda-feira.

e. Queria construir uma casa mas foi complicado obter ....

f. Afinal, optei por comprar .... antigo e renovar.

8 Thierry et Laetitia racontent pourquoi ils ont décidé de vivre au Portugal : lisez leur histoire et répondez aux questions.

« Sou francês e instalei-me em Portugal quando me reformei porque a minha pensão não me permitia viver confortavelmente em França. Com a minha mulher, beneficiamos de um estatuto fiscal vantajoso em Portugal e temos uma melhor qualidade de vida. **Comprámos uma casa com jardim numa região rural onde aproveitamos dando longas caminhadas na natureza**. »

« Sou belga e abri uma agência imobiliária em Cascais para ajudar francófonos como o Thierry a encontrar o imóvel dos seus sonhos garantindo um bom negócio. **Portugal está na moda, é um país atrativo e muitos estrangeiros querem investir e comprar imóveis.** »

a. Qual é o estatuto do Thierry? → ....

....

b. Porque é que se mudou para Portugal? → ....

....

c. Qual é a profissão da Laetitia? → ....

....

CHAPITRE 16 : DISCOURS DIRECT ET INDIRECT

9 Mettez les propos *en gras* de Thierry et Laetitia au discours indirect.

a. O Thierry contou que eles ....
....
....

b. A Laetitia explicou que Portugal ....
....

Style indirect et concordance des temps avec l'impératif et le subjonctif

Lorsqu'on passe du discours direct au discours indirect, il faut veiller à ce que la concordance des temps soit respectée. Nous avons déjà vu les correspondances au mode indicatif, voyons à présent ce qu'il en est avec l'impératif et le subjonctif :

Discours direct	Discours indirect
Impératif	
Présent	
Imparfait du subjonctif	→ **Imparfait du subjonctif**
Futur	

Ex. : **Empresta-me o carro.** → Ele pediu-me que lhe **emprestasse** o carro.
→ *Prête-moi la voiture.* → *Il m'a demandé que je lui prête la voiture.*

10 Sélectionnez la forme verbale à employer au discours indirect.

a. Empresta-me o teu livro. → Ela pediu-me que lhe **emprestava** / **emprestasse** o meu livro.

b. Se quiseres, vou contigo. → Ele disse-me que se **quisesse** / **queria**, **ia** / **fosse** comigo.

c. E se fizéssemos uma festa? → Ela sugeriu que **façam** / **fizessem** uma festa.

d. Embora tenhamos muito trabalho, saímos com amigos. → Eles disseram que embora **tivesse** / **tivessem** muito trabalho, **saíssem** / **saíam** com os amigos.

CHAPITRE 16 : DISCOURS DIRECT ET INDIRECT

11. Fatou est une étudiante sénégalaise installée à Braga : reformulez ses propos au discours indirect en utilisant les verbes introducteurs *dizer*, *explicar* et *afirmar*.

a. Se for a Lisboa, farei pesquisas para a minha tese.

→ ....

b. Quero que renovem o meu visto.

→ ....

c. Quando acabar a tese, regressarei a Dakar.

→ ....

12. Mettez les phrases suivantes au discours indirect.

a. Assinem a escritura de venda – pediu o agente imobiliário.

→ ....

b. Preciso deste empréstimo. Espero que o meu pedido seja aceite – disse a Ana.

→ ....

c. Que tal se comprássemos casa na região Centro? – sugeriu o Tó.

→ ....

d. Quem quiser comprar um imóvel em Portugal tem de ter um número de contribuinte – explicou.

→ ....

13. Mettez les phrases suivantes au discours direct.

a. Ele pediu que, se pudesse, lhe enviasse a ficha técnica da habitação.

→ ....

b. Ela disse que o preço do metro quadrado era bastante atrativo.

→ ....

c. Eles disseram que se tinham instalado em Portugal em 2018.

→ ....

d. Ele pediu que lhe emprestassem dinheiro.

→ ....

CHAPITRE 16 : DISCOURS DIRECT ET INDIRECT

 Devinez le sens des mots suivants en les reliant à leur définition.

1. Moradias •
2. Arrendamento •
3. Quinta •
4. Avaliação imobiliária •
5. Casas geminadas •
6. Visto •

• a. contrato de locação
• b. estimativa do valor de um imóvel
• c. casas que têm paredes coladas
• d. casas independentes
• e. casa rural com terreno
• f. documento que permite a um estrangeiro entrar e permanecer num país

 Comment s'écrit le son [s] ? Complétez avec *s*, *ss*, *c*, ou *ç*.

a. Terra__o
b. __ala de jantar
c. Aque__edor
d. Ar condi__ionado

e. A__oalhado
f. Lava-lou__a
g. Per__iana
h. Avalia__ão imobiliária

Bravo, vous êtes venu(e) à bout du chapitre 16 ! Il est maintenant temps de comptabiliser les icônes et de reporter le résultat en page 128 pour l'évaluation finale.

17
Portugais d'Afrique

Les pays africains de langue portugaise

Le portugais est la langue officielle de 6 pays d'Afrique : l'Angola, le Cap-Vert, la Guinée-Bissau, le Mozambique, São Tomé-et-Principe et plus récemment, la Guinée équatoriale.

Leur portugais est très proche de celui parlé au Portugal, mais il présentera des particularités, souvent liées à l'influence des autres langues nationales, ces pays étant tous multilingues. Nous allons en évoquer quelques-unes, à savoir que chaque territoire et région aura ses propres spécificités.

❶ Reliez ces pays d'Afrique de langue portugaise à leur drapeau et leur capitale.

1.  •   • Angola •   • a. Maputo

2. •   • Cabo Verde •   • b. Luanda

3. •   • Moçambique •   • c. Praia

Spécificités grammaticales en Angola

- Comme c'est le cas au Brésil, en Angola, on préférera employer **ter** plutôt que **haver** pour dire *il y a*. Ex. : **Tem periquitas neste parque.** → *Il y a des perruches dans ce parc.*

- L'impératif sera accompagné de l'adverbe **só** : **Espera só por nós.** → *Attends-nous (juste).*

- On emploiera l'expression **não… nem** pour dire *ne… même pas* : **Ele não atende nem ao telefone.** (au lieu de **Ele nem atende ao telefone**) → *Il ne répond même pas au téléphone.*

- Les verbes **ir**, **vir** et **voltar** seront suivis de la préposition **em** (au lieu de **a**) : **Fomos na praia.**
→ *Nous sommes allés à la plage.*

CHAPITRE 17 : PORTUGAIS D'AFRIQUE

2 Comment un Angolais dirait-il ces phrases ? Reformulez-les !

a. Aceita o convite por favor. → ....
b. Há muita gente. → ....
c. Voltei ao escritório. → ....
d. Eles nem puseram a mesa. → ....
e. Diz à Nilza para ir connosco à festa. → ....
f. Antigamente não havia Internet. → ....

3 Complétez les phrases avec les expressions données.

| não | tem | no | teve | nem | só |

a. Vamos .... cinema ver o filme de Margarida Cardoso.

b. Ele .... sabe .... que Mia Couto é um autor moçambicano.

c. Ouve .... esta música de Mayra Andrade.

d. Hoje, ... uma sessão de autógrafos com José Eduardo Agualusa na feira do livro.

e. .... uma exposição sobre o pintor moçambicano Malangatana.

4 Laquelle de ces phrases serait dite différemment par un Portugais ? Trouvez-la et indiquez ensuite comment il la dirait.

a. Já chegaram?
b. Ela não veio nem trabalhar.
c. Assisti ao concerto dos Calema.

→ ....

CHAPITRE 17 : PORTUGAIS D'AFRIQUE

Spécificités lexicales

Le vocabulaire pouvant varier selon le pays ou la région, certains mots seront différents au Portugal et en Afrique de langue portugaise. En voici quelques exemples employés en Angola et au Mozambique :

France	Portugal	Angola / Mozambique
autobus	autocarro	machimbombo
vélo	bicicleta	ginga
petit-déjeuner	pequeno-almoço	mata-bicho
prendre le petit-déjeuner	tomar o pequeno-almoço	mata-bichar
problème	problema	maka
chewing-gum	pastilha elástica	chuinga
argent	dinheiro	*guito
plus vieux	mais velho	*kota
beaucoup	muito	*bué
travailler	trabalhar	bumbar
ne pas réussir	não conseguir	desconseguir
faire de la gym/de l'exercice	fazer ginástica	gimar

À noter
- Les mots en rose seront spécifiques à l'Angola et ceux en orange, au Mozambique.
- ***Bué**, **guito** et **kotas/cotas** sont également utilisés au Portugal, notamment par les jeunes, dans un langage familier.

5 Complétez ces phrases avec les mots suivants.

GUITO   MACHIMBOMBO   maka   mata-bicho

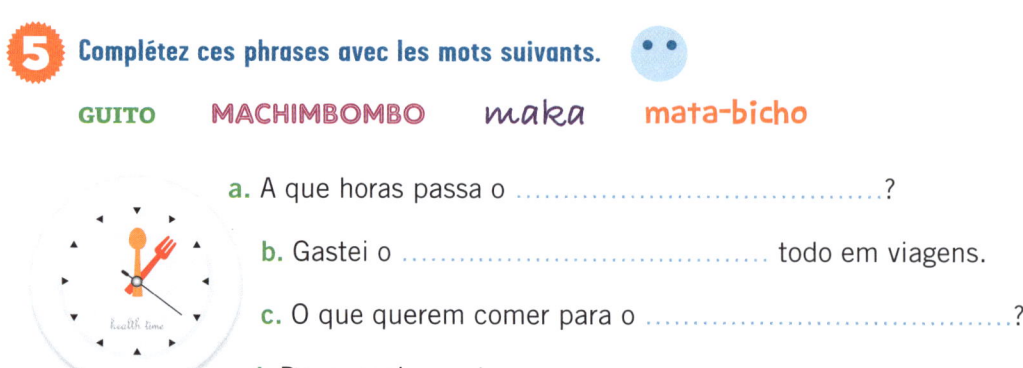

a. A que horas passa o ....?

b. Gastei o .... todo em viagens.

c. O que querem comer para o ....?

d. Deve resolver esta ....

CHAPITRE 17 : PORTUGAIS D'AFRIQUE

6 Indiquez si ces phrases sont dites par un Angolais (A) ou par un Portugais (P).

a. Desconseguiu mesmo. ......

b. Andamos muito de bicicleta. ......

c. Os cotas são bué simpáticos. ......

d. Hoje não fui bumbar porque estou doente. ......

7 Comment un Portugais dirait-il ces phrases ?

a. Já mata-bicharam? → ....

b. Queres um chuinga? → ....

c. Gosto de andar de ginga. → ....

d. Gimo todas as manhãs. → ....

8 Devinez le sens des expressions en gras et indiquez leur équivalent.

FRIGORÍFICO   PERDIDO   POUQUINHO   CERVEJA   AMIGO   RAPAZ

a. Estou um **coxito** cansado. → ....

b. Como estás **camba**? → ....

c. Não sabia o que fazer, fiquei **desprogramado**. → ....

d. Este **mufana** vive em Maputo. → ....

e. A **geleira** permite conservar frescos os alimentos. → ....

f. Queres beber uma **birra**? → ....

9 Au Mozambique et au Brésil, quels termes équivalent à *autocarro* (A), *frigorífico* (F) et *pequeno-almoço* (P) ?

a. ...... machimbombo

b. ...... geleira

c. ...... mata-bicho

d. ...... ônibus

e. ...... café da manhã

f. ...... geladeira

117

CHAPITRE 17 : PORTUGAIS D'AFRIQUE

Spécificités phonétiques

Le portugais d'Afrique est généralement prononcé avec un rythme plus lent : les syllabes sont articulées distinctement et les voyelles sont souvent plus ouvertes. Quoi de mieux que d'écouter des chansons pour appréhender la phonétique et ses nuances pleines de douceur ? Cesária Évora, Ruy Mingas, ou encore les frères Calema sont des artistes que vous aurez plaisir à (re)découvrir et qui vous feront voyager dans la richesse artistique et linguistique africaine.

10 Voici des vers de la chanson *Mariquinha* de Bonga : placez les mots manquants au bon endroit puis écoutez-la pour vérifier !

- terra
- liberdade
- comigo
- irmãos
- guerra

Mariquinha, vem .... p'ra Angola

Vem ver minha ...., minha gente

Acabar com a ...., sim de verdade

Ai que canseira, mas somos ....

Paz em Angola, mantida

Com ...., p'ra sermos felizes

11 Comment un Angolais prononcerait-il les voyelles en couleur ? Indiquez le son correspondant.

[a] a ouvert   [ä] a fermé   [é]   [è]   [ou]   [o]

a. pa**í**ses ➔ ....

b. p**e**ssoa ➔ ....

c. ang**o**lano ➔ ....

d. s**e**gredo ➔ ....

e. tr**a**balhar ➔ ....

f. **a**fricano ➔ ....

g. caf**é** ➔ ....

CHAPITRE 17 : PORTUGAIS D'AFRIQUE

12 Écoutez la chanson *Te amo* des *Calema* sur Internet et complétez l'extrait.

Falhei ...., eu assumo
Tu .... embora, eu entendo
Mas ficou tanto ....
Estou meio sem planos

.... ouvir, ouvir que me queres
Sentir que ainda me ....
Que não foi desta que ....
Todos .... de ti, de como eu fui um bobo
Te .... por tão pouco, eh

Já nem sei ...., como tu ....
Tudo se foi, saudade, saudade, saudade, bô
.... tu estás ? Preciso te ouvir
P'ra onde tu ....
Nga lêlê, nga lêlê, nga lêlê bô

Bravo, vous êtes venu(e) à bout du chapitre 17 !
Il est maintenant temps de comptabiliser les icônes et de reporter le résultat en page 128 pour l'évaluation finale.

Tableaux de conjugaison

		Verbes réguliers			Verbes irréguliers						
		falar	comer	partir	ser	estar	ter	ir	fazer	poder	saber
INDICATIF	*Présent* **Presente**	falo falas fala falamos falais falam	como comes come comemos comeis comem	parto partes parte partimos partis partem	sou és é somos sois são	estou estás está estamos estais estão	tenho tens tem temos tendes têm	vou vais vai vamos vades/ides vão	faço fazes faz fazemos fazeis fazem	posso podes pode podemos podeis podem	sei sabes sabe sabemos sabeis sabem
	Imparfait **Pretérito imperfeito**	falava falavas falava falávamos faláveis falavam	comia comias comia comíamos comíeis comiam	partia partias partia partíamos partíeis partiam	era eras era éramos éreis eram	estava estavas estava estávamos estáveis estavam	tinha tinhas tinha tínhamos tínheis tinham	ia ias ia íamos íeis iam	fazia fazias fazia fazíamos fazíeis faziam	podia podias podia podíamos podíeis podiam	sabia sabias sabia sabíamos sabíeis sabiam
	Prétérit **Pretérito perfeito simples**	falei falaste falou falámos falastes falaram	comi comeste comeu comemos comestes comeram	parti partiste partiu partimos partistes partiram	fui foste foi fomos fostes foram	estive estiveste esteve estivemos estivestes estiveram	tive tiveste teve tivemos tivestes tiveram	fui foste foi fomos fostes foram	fiz fizeste fez fizemos fizestes fizeram	pude pudeste pôde pudemos pudestes puderam	soube soubeste soube soubemos soubestes souberam
	Plus-que-parfait simple **Pretérito mais-que-perfeito simples**	falara falaras falara faláramos faláreis falaram	comera comeras comera comêramos comêreis comeram	partira partiras partira partíramos partíreis partiram	fora foras fora fôramos fôreis foram	estivera estiveras estivera estivéramos estivéreis estiveram	tivera tiveras tivera tivéramos tivéreis tiveram	fora foras fora fôramos fôreis foram	fizera fizeras fizera fizéramos fizéreis fizeram	pudera puderas pudera pudéramos pudéreis puderam	soubera souberas soubera soubéramos soubéreis souberam
SUBJONCTIF	*Présent* **Presente**	fale fales fale falemos faleis falem	coma comas coma comamos comais comam	parta partas parta partamos partais partam	seja sejas seja sejamos sejais sejam	esteja estejas esteja estejamos estejais estejam	tenha tenhas tenha tenhamos tenhais tenham	vá vás vá vamos vades/ides vão	faça faças faça façamos façais façam	possa possas possa possamos possais possam	saiba saibas saiba saibamos saibais saibam
	Passé **Pretérito perfeito composto do conjuntivo**	tenha falado tenhas ″ tenha ″ tenhamos ″ tenhais ″ tenham ″	tenha comido tenhas ″ tenha ″ tenhamos ″ tenhais ″ tenham ″	tenha partido tenhas ″ tenha ″ tenhamos ″ tenhais ″ tenham ″	tenha sido tenhas ″ tenha ″ tenhamos ″ tenhais ″ tenham ″	tenha estado tenhas ″ tenha ″ tenhamos ″ tenhais ″ tenham ″	tenha tido tenhas ″ tenha ″ tenhamos ″ tenhais ″ tenham ″	tenha ido tenhas ″ tenha ″ tenhamos ″ tenhais ″ tenham ″	tenha feito tenhas ″ tenha ″ tenhamos ″ tenhais ″ tenham ″	tenha podido tenhas ″ tenha ″ tenhamos ″ tenhais ″ tenham ″	tenha sabido tenhas ″ tenha ″ tenhamos ″ tenhais ″ tenham ″
	Futur **Futuro do conjuntivo**	falar falares falar falarmos falardes falarem	comer comeres comer comermos comerdes comerem	partir partires partir partirmos partirdes partirem	for fores for formos fordes forem	estiver estiveres estiver estivermos estiverdes estiverem	tiver tiveres tiver tivermos tiverdes tiverem	for fores for formos fordes forem	fizer fizeres fizer fizermos fizerdes fizerem	puder puderes puder pudermos puderdes puderem	souber souberes souber soubermos souberdes souberem

Le guillemet de répétition (″) indique qu'on utilise à chaque fois le même participe passé.

La 2ᵉ personne du pluriel, **vós**, est donnée à titre indicatif mais son emploi est aujourd'hui rare. À sa place, on préfère utiliser **você** et **vocês** (*vous* de vouvoiement et *vous* collectif).

SOLUTIONS

1. S'exprimer en contexte professionnel

1 Dados pessoais ; Tlm. ; Experiência profissional ; Realizações ; animação ; clientes ; sociais ; Formação académica ; gráfica ; visuais ; Línguas ; avançado ; Interesses ; desportiva.

2 a. F b. F c. F d. V e. V f. F g. V h. F

3 a. estudo b. procura c. vivemos d. desenvolveu e. fazes f. trabalharam g. sou h. fizemos i. são j. tirou

4 a. candidatei-me b. tiraste c. foi d. estiveram e. tivemos

5 a. [ãou] b. [èy] c. [aïⁿ] d. [o] e. [ay]

6 **Eu chamo-me** Benjamim Raposo e **tenho** 28 anos. Atualmente **sou** designer freelance mas **procuro** emprego no setor publicitário. **Tirei** uma licenciatura em design e produção gráfica e já **tenho** alguma experiência. Com efeito, **fiz** um estágio na Agência Digimagem para a qual **criei** publicidades e onde também **me ocupei** do design nas redes sociais. Como designer freelance, **realizei** animações digitais, ilustrações para livros infantis assim como folhetos para eventos culturais. **Gosto** do contacto com os clientes e **estou** à procura de novos desafios. **Estou** disponível para realizar uma entrevista.

7 1. d 2. a 3. c 4. b

8 a. c. e. f.

9 a. Diretora b. Engenheira c. Arquitetos d. Advogada e. Polícias f. Professores

10 a. O senhor/A senhora pode indicar-me onde se encontra o gabinete do diretor? b. Os senhores/As senhoras receberam o nosso convite? c. A dona Liliana teria o formulário de adesão? d. O senhor/A senhora precisa de ajuda?

11 a. É para si, dona Maria. b. Não a vi, dona Rita. c. Entro em contacto consigo em breve.

12 a. lhes/vos b. si c. lhe d. lhes/vos e. as/vos f. o

13 a. O Diretor convidou-**os** à exposição. b. Agradecemos-**lhe** a sua disponibilidade. c. Este dossiê é para **si**. d. Não **as** encontrei na reunião. e. Podemos combinar um encontro **consigo**? f. Posso oferecer-**lhe** um café? g. Inscrevi-**o** ao ateliê. h. Pensei em **si** e trouxe o relatório. i. Sim, a secretária enviou-**lhes** os documentos.

14 a. vos b. vos d. vos f. receber-vos

15 a. Engenheiro b. Agradeço-**lhe** c. Senhora d. Amanhã e. Trabalho f. Escolha g. Dinheiro h. Conhecimentos i. Olhar

2. Correspondance écrite

1 1. Exma. Senhora Vanessa Dias / Rua da Alegria, 54 / 2500-287 Caldas da Rainha 2. Exmo. Sr. Eng. Osvaldo Medeiros / Av. Miguel Bombarda, 156-A, r/c Ft. / 2830-302 Barreiro 3. Exma. Sra. Dra. Amanda Loures / Pç. Dos Caracóis, n.°4, lote 29, 2.° Dto. / 2970-133 Montijo

2 Exmo. Sr. Dr. Augusto Cordeiro
Rua das Palmeiras, n.°25
3900-002 Aveiro
Exma. Senhora Sandra da Silva
Av. Luís de Camões, 8, 3.° Esq.
2860-381 Moita

3 a. carteiro b. remetente c. escrever d. selo e. carimbo

4 a. letra b. postal c. carta d. letra e. letra f. envelope g. letras h. postal

5 Olá Fernando! Mando-te esta **mensagem** para te dizer que te escrevi uma **carta** mas que me enganei no teu **endereço** e mais precisamente no **código** postal. Podes falar com o **carteiro** para saber se os correios têm recebido algo? O **envelope** é azul e tem um **selo** com a Torre de Belém.

6 1. b Olá / postal / férias / saudades / amiga 2. c Querida / parabéns / avós / abraço / Beijinhos 3. a Queridos / nascimento / curiosos / carinho

7 a. duvidar ; é provável que ; não acreditar que ; talvez b. desejar ; esperar ; pedir ; preferir c. lamentar ; recear ; ter medo ; ter pena d. é preciso que ; querer e. exigir ; proibir

8 a. dirija b. conheça c. paguemos d. coloques e. agradeçam

9 Ser : seja, *sejas*, seja, sejamos, sejam.

SOLUTIONS

Estar : esteja, estejas, esteja, *estejamos*, estejam. **Haver :** há. **Dar :** *dê*, dês, dê, demos, *deem*. **Ir :** vá, vás, *vá*, vamos, *vão*. **Querer :** *queira*, queiras, queira, queiramos, queiram. **Saber :** saiba, saibas, saiba, saibamos, *saibam*.

10 a. estejam b. assine/escreva c. possas d. peçam e. transmitam f. consiga g. ponha h. haja/mandemos i. tenha

3. Rédiger un courrier formel

1 b. d. f. e. a. g. c.

2 Estimado cliente, Agradecemos a sua compra e informamos que oferecemos um desconto de 15% para a sua próxima encomenda. Com os melhores cumprimentos, Simão Dias, Responsável comercial

3 a. até que b. mesmo que c. a não ser que d. logo que e. caso f. embora g. antes que

4 Marcar ; Caros ; pedir ; preencham ; anexo ; Informo ; a fim de que ; siga ; respondam ; Cordialmente

5 A/c ; Lisboa ; fevereiro ; Assunto ; mobilidade ; Exma. Sra. Diretora ; estudante ; pretendo ; possa ; Portugal ; conhecimentos ; aperfeiçoar ; autonomia ; experiência ; cultura ; para que ; concluída ; Com efeito ; caso necessite ; Agradeço ; V. Exa. ; cumprimentos ; Anexo

6 a. O destinatário é a Diretora do Departamento de Antropologia. b. O remetente é a Pauline Martin. c. A candidata é estudante de antropologia (licenciatura, 2°. ano). d. Candidata-se ao programa de mobilidade Erasmus+ na Universidade Nova de Lisboa. e. Quer estudar em Portugal, aprofundar os seus conhecimentos em antropologia, adquirir novas competências, aperfeiçoar a sua prática da língua portuguesa, ganhar maturidade e autonomia, conhecer jovens de vários horizontes e descobrir a cultura portuguesa. f. O seu objetivo futuro é participar num programa de mobilidade no Brasil para estagiar numa ONG envolvida na proteção de tribos da floresta amazónica.

4. Entretien d'embauche et recrutement

1 a. Como b. O que c. Porque d. Quantos e. Onde f. Quem g. Quais

2 1. e 2. c 3. d 4. g 5. b 6. a 7. f

3 a. chegue b. Olhe c. Seja d. cruze e. Tenha f. Fale

4 1. b 2. f 3. d 4. c 5. e 6. a

5 a. part-time ; empresa b. vaga ; candidata c. estagiário ; salário d. contratar ; funcionário ; inteiro e. empregador ; folga f. termo

6 a. contrato a termo b. contrato sazonal c. contrato sem termo

7 a. persuasivo b. pontual c. eficiente d. criativo e. descuidado f. empreendedor

8 Contabilista : organizado/pragmático. Instrutor(a) de ioga : comunicativo/altruísta. Diretor(a) artístico/a : criativo/persuasivo.

9 1. a 2. d 3. b 4. e 5. f 6. c

10 b. Telma

5. Modification et contraction des pronoms compléments

1 a. as b. me c. lhes d. nos e. o f. lhe g. lhes/vos

2 a. b. d.

3 a. Alguém lhe respondeu? b. Qualquer vestido te fica bem. c. Confirmaram-me a reserva. d. Nos Açores tudo nos encanta. e. Escrever-te-ei amanhã.

4 a. guia b. trilho c. tenda d. autocaravana e. cachalote

5 1. b 2. a 3. g 4. e 5. c 6. h 7. d 8. k 9. f 10. i 11. j

7 a. vrai b. faux (endormi) c. faux (vapeur) d. vrai e. faux (toute l'année) f. vrai

8 a. A vista mais espetacular das Sete Cidades é a do Miradouro da Boca do Inferno. b. A terra formada após a erupção dos Capelinhos chama-se Ilha Nova. c. Os legumes que compõem o Cozido nas Furnas são: batata, batata doce, inhame, couve e cenoura. d. Para aproveitar as piscinas naturais, a Gabrielle aconselha calçado adaptado para não escorregar ou aleijar os pés. **e.** Os trilhos imperdíveis da ilha são os das Sete Cidades. **f.** As águas do parque Terra Nostra têm a particularidade de serem águas férreas.

9 1. d 2. b 3. a 4. i 5. h 6. c 7. e 8. g 9. f

10 a. Reservámo-la para quatro pessoas. **b.** Põe-na e trá-las! **c.** Vou escolhê-lo. **d.** Não as provaram. **e.** Vais prová-lo. **f.** Queremo-los. **g.** Encontraram-na.

11 a. Sim, eles já as pagaram. **b.** Sim, eu vou fazê-la. **c.** Sim, nós fizemo-la. **d.** Sim, eles dão-nos. **e.** Sim, eu preparei-os e fi-lo. **f.** Sim, elas viram-nas.

12 a. no-los **b.** mo **c.** no-las **d.** vo-las **e.** lhas **f.** to **g.** lho

13 a. Vou oferecer-tos. **b.** Ainda não lhos entregou. **c.** Envia-no-las. **d.** Sim, confirmo-vo-la. **e.** Já ma compraram. **f.** O guia propôs-lhas. **g.** A bióloga explicou-lha.

6. Futur et conditionnel

1 a. venderão/venderiam **b.** olharás/olharias **c.** veremos/veríamos **d.** sairei/sairia **e.** dirá/diria

2 1. d 2. a 3. c 4. e 5. b

3 a. visitarão **b.** virá **c.** fará **d.** faltará **e.** entenderás

4 a. Dirás que a culpa é minha. **b. Farei** tudo por ela. **c. Compraremos** uma prenda para os seus 40 anos. **d.** Como **estará** o tempo amanhã? **e.** Vocês **descobrirão** um novo artista.

5 a. Será que estarão presentes? **b.** Será que ficou atrasada? **c.** Será que já conhecemos o vencedor? **d.** Será que está frio?

6 a. Hei de viajar para os Estados Unidos. **b.** Hás de ver este filme! **c.** Há de encontrar uma solução. **d.** Um dia, hão de ser famosos. **e.** Havemos/Hemos de combinar um jantar com os primos.

7 a. diria **b.** iríamos **c.** compraria/comprava **d.** acreditariam **e.** comíamos/comeríamos

8 a. Eles disseram/diziam que fariam o necessário. **b.** Pensámos/Pensávamos que o Ralph não viria. **c.** Prometeste que acabarias

a montagem do filme. **d.** Você sabia que o evento teria lugar na praia? **e.** Avisámos que não poderíamos chegar às 9 horas. **f.** O Diretor anunciou que os empregados iriam receber subsídios.

9 a. Gostaria de visitar o museu do Oriente. **b.** Poderia ajudar-me? **c.** Terias um minuto para me telefonar? **d.** Poderíamos ir ao concerto todos juntos.

10 a. argumentista **b.** longa-metragem **c.** estreia **d.** dobrar **e.** intervalo

11 a. fechar **b.** versão original **c.** premiar **d.** espetador

12 a. câmara **b.** efeitos especiais **c.** prémio **d.** pipocas **e.** estrela/atriz **f.** montagem

13 1. c 2. a 3. b

14 a. terá encontrado **b.** terei previsto **c.** teremos preparado **d.** terás tido

15 a. Teriam recebido o Ministro no mês passado. **b.** Terias mentido para o proteger? **c.** Se me tivessem avisado, teria feito um bolo.

7. Mésoclise

1 a. sentar-me-ei **b.** levantar-se-ia **c.** escrever-te-ia **d.** dir-lhe-ás **e.** encontrar-nos-emos

2 Correct : c. d. **Incorrect :** a. b. e.

3 1. A que horas te levantarás? 2. Eu enviar-lhe-ei um postal de Luanda. 3. É um restaurante que lhes aconselharia.

4 a. encontrar-se-ão/encontrar-se-iam **b.** vestir-nos-emos/vestir-nos-íamos **c.** sentar-me-ei/sentar-me-ia **d.** queixar-se-ão/queixar-se-iam **e.** interromper-se-ão/interromper-se-iam **f.** lembrar-te-ás/lembrar-te-ias **g.** apresentar-se-á/apresentar-se-ia

5 a. O realizador dir-nos-ia a sinopse. **b.** Eu dar-lhe-ia o prémio. **c.** Eles oferecer-me-iam uma câmara. **d.** Nós apresentar-te-íamos a nossa curta-metragem.

6 a. A atriz desempenhá-lo-á. **b.** Fá-la-emos. **c.** Eu redigi-los-ei **d.** Vocês recebê-lo-ão. **e.** Você trá-lo-á? **f.** Tu inseri-las-ás? **g.** O realizador convidá-los-ia. **h.** Nós traduzi-las-íamos. **i.** Vocês divulgá-lo-iam. **j.** Os espetadores comê-las-ão.

SOLUTIONS

7 a. Dar-lho-ão. b. Comunicar-ta-íamos. c. O cineasta oferecer-lhos-á. d. Dedicar-no-lo-ia. e. Far-ma-ias? f. Escrever-vo-las-ei. g. Divulgar-lho-emos.

8. Gérondif et formes progressives

1 1. saboreando 2. subindo 3. chovendo 4. dando 5. sorrindo 6. propondo

2 mando

3 a. evocando b. Chegando c. seguindo d. Estando

4 a. Não podendo o Paulo estar presente, temos de cancelar a reunião. b. Estando ausente a Lúcia, será o Rui que irá apresentar o noticiário.

5 a. Substituindo b. chegando c. Sendo d. Não podendo e. passando f. Não tendo

6 a. Enquanto vou estacionando o carro, você vai ter com ele. b. Enquanto vais conduzindo, eu dou as indicações GPS. c. Enquanto vai tocando guitarra, vocês cantam. d. Enquanto vocês vão segurando o móvel, eu parafuso. e. Enquanto vamos fazendo a limpeza, vocês arrumam.

7 1. c 2. a 3. d 4. b 5. e

8 1. c 2. b 3. d 4. a

9 ar ; musical ; guitarristas ; levando ; letra ; adquirindo ; descobrindo ; música

10 a. Faux b. Vrai c. Faux d. Vrai e. Vrai f. Faux g. Vrai h. Vrai i. Faux

11 a. Tendo participado ao sorteio, ganhei um prémio! b. Não tendo visto o senhor, decidimos telefonar-lhe. c. Tendo feito o trabalho, pode aproveitar o fim-de-semana. d. Tendo chegado atrasados ao aeroporto, perderam o avião.

12 Desporto : d. Economia : a. Horóscopo : e. Política : b. Trânsito : c.
a. Tendo investido b. Tendo defendido c. Tendo encerrado d. Tendo atingido e. Tendo recebido

13 a. Indo b. Tendo pago c. Falando d. Tendo aberto e. vendo

14 a. fazerem b. falares c. assistirem d. ler e. sairmos

15 a. Tivemos uma surpresa **ao descobrirmos** estas prendas todas. b. **Ao entrarem** na sala, viram que o espetáculo já tinha começado. c. Ganhou fama **ao transformar** uma velha quinta num hotel de luxo. d. Aprendes português **ao cantares** fado. e. **Ao verem** o cão, as crianças riram-se.

16 *Sei de um rio* : ao separar-se ; vai repetindo ; e lembrando. *Canção do mar* : bramindo. *Zé Cacilheiro* : navegando ; foi chegando ; branqueando.

9. Équivalents de *on*

1 a. Servimos o pequeno-almoço entre as 7 e as 10 horas. b. Oferecemos uma dormida com o regime de pensão completa. c. Fazemos as reservas de meia-pensão na internet. d. Para além das 11 horas, faturaremos uma noite suplementar.

2 a. A gente está feliz por estar aqui. b. Onde é que a gente apanha o metro? c. A gente deve ir ao aeroporto. d. A gente propõe várias atividades. e. Ontem a gente foi ao mercado medieval de Óbidos.

3 a. On est ravi d'être ici. b. Où est-ce qu'on prend le métro ? c. On doit aller à l'aéroport. d. On propose diverses activités. e. Hier, on est allé au marché médiéval d'Óbidos.

4 a. Tocam à campainha. b. Abrem às 9 horas. c. Roubaram-lhe o telemóvel.

5 a. Vende-se b. Deixaram c. Come-se d. Procuram-se e. Deram-lhe

6 a. pensava-se b. veem-se c. Fala-se d. Divulgam-se/Divulgar-se-ão e. se viu

7 1. e 2. c 3. b 4. f 5. a 6. d 7. i 8. h 9. g

8 a. Vrai b. Vrai c. Faux d. Faux e. Vrai f. Vrai g. Faux

9 1. c 2. f 3. b 4. a 5. g 6. e 7. d

10 a. Artesão b. Cesteiro c. Barrista

11 a. Fabricam-se b. Vendem-se c. se admite d. Procura-se

12 a. [z] b. [ch] c. [ch] d. [s] e. [s]; [ch] f. [ch]

10. Formation des mots dérivés

1 a. <u>des</u>fazer b. jornal<u>ista</u> c. <u>in</u>eficiente

SOLUTIONS

d. <u>an</u>alfabeto e. <u>in</u>justiça f. <u>des</u>organização
g. <u>pre</u>conceito

2 a. reconstituir b. cogerente c. desleal
d. amoral e. compor f. exportar g. impossível

3 a. composer b. préconcevoir c. indéchiffrable
d. prévoir

4 a. engolir b. destruir c. conceber

5 1. anormal 2. conviver 3. desonesto
4. emagrecer 5. exportar 6. ingestão
7. prénatal

6 a. Durée b. Qualité c. En rapport avec
d. Changement d'état e. Quantité f. Métier
g. Action h. Diminutif i. Qualité

7 a. moralizar b. facilitar c. anoitecer
d. modernizar

8 a. familiar/agradável b. espaçosa/luminosa
c. recordação/viagem d. generosidade/
felicidades

9 a. crueldade b. limpeza c. aquecedor/
aquecimento d. confiança e. doença
f. alegria g. mentiroso h. paciência i. pinhal

10 a. intensificar b. exportado c. desembarcar
d. sensível e. anteriormente f. engordar
g. corajosa h. mensal i. aterragem j. rapazito
k. cancelamento l. secundário

```
L V I N T E N S I F I C A R O
S P I N D E S E M B A R C A R
E C R C O R A J O S A F O A S
C H A N T E R I O R M E N T E
U U E X P O R T A D O S J E N
N M S U R I R V I G A M O R G
D P E T C A L I S A I D A R O
A F I N H A T A A B U L L A R
R A R O S S E N S I V E L G D
I X R A P A Z I T O U N I E A
O C A N C E L A M E N T O M R
```

11 1. b 2. d 3. a 4. g 5. c 6. f 7. e
12 a. prevê b. expedi c. rarefaz-se d. obtivemos
e. entretinham-se f. opõem-se ; intervém/
intervirá g. contêm ; satisfaçam ; Convém

11. Mots composés et leur pluriel

1 Agglutination : b, d, e.
Juxtaposition : a, c, f, g.

2 a. *eau-de-vie* c. *jeudi* d. *coup de pied*

g. *armoire/penderie*

3 a. segunda-feira b. pontapé c. chapéu de sol
d. pernalta e. girassol f. luso-francês

4 1. e 2. c 3. b 4. g 5. d 6. a 7. i 8. h 9. f

5 Couve-flor, peixe-espada, mil-folhas,
batata-doce, arroz-doce, sobremesa,
agridoce.

6 a. guarda-costas b. mão de obra
c. quebra-cabeças d. bate-boca
e. perna-de-pau

7 a. arco-íris b. saca-rolhas c. óculos de sol
d. girassol

8 a. passaportes b. girassóis c. altiplanos
d. pontapés e. passatempos f. pernaltas
g. corrimãos

9 1. B 2. A 3. A 4. A 5. B

10 a. quartas-feiras b. cofres-fortes
c. guarda-noturnos d. super-heróis
e. lobisomens f. pós-graduações
g. bem-parecidos h. salas de jantar i. pães
de ló j. franco-espanhóis k. guarda-redes
l. pequenos-almoços m. quebra-nozes

11 a. bem-vinda b. curtas-metragens c. chapéus
de sol d. saladas de polvo e. brincos-de-
princesa f. luso-brasileiras g. surdos-mudos
h. abaixo-assinados i. maus-tratos

12 a. O corrim**ão** b. Os p**ães** de ló
c. O lobisom**em** d. Os feij**ões**-verdes

13 a. Os verdes-escuros b. Casacos
azul-marinho c. Sofás amarelo-canário
d. Figos roxo-escuros e. Mesas castanho-
claras f. Cachecóis azul-claros g. Vestidos
vermelho-sangue h. Pedras verde-esmeralda

12. Plus-que-parfait simple de l'indicatif

1 a. redigira b. tiveras c. encontráramos
d. puderam e. comêramos f. quiseras g. fora

2 a. faláramos b. entendêramos c. abríramos
d. fôramos e. puséramos f. dormíramos
g. soubéramos h. escolhêramos i. lutáramos
j. trouxéramos

3 a. oferecera b. encontrara/casara/tivera
c. redigira d. tornara-se/quiséramos e. fora
f. trouxeram g. se instalara h. saíra/dissera/
deixara

SOLUTIONS

4 a. epopeia; obra-prima b. soneto
c. heterónimos d. prémio; romance
e. relata f. autor

5 1. Rima 2. Relatar 3. Romancista
4. Personagem 5. Poesia 6. Estrofe
7. Capítulo 8. Narrador 9. Novela
10. Rascunho 11. Epopeia 12. Desenlace

6 a. Conto de fadas b. Fábula c. História aos quadradinhos

7 Extrait 1 : vira; ficara; fizera.
Extrait 2 : estivera; dissera; fizera.
a. V b. F c. F d. F e. V f. V g. F h. V

8 a. tinha visitado b. tínhamos visto c. tinha escrito d. tinhas ido

9 a. tinha feito b. tinha sido c. tinha vestido
d. tinham descoberto e. tínhamos conhecido
f. tinha nascido

13. Futur du subjonctif (1)

1 a. 3 b. 5 c. 2 d. 1 e. 4.
À entourer : b. 5 et d. 1

2 a. Quand tu auras ton permis de conduire, nous irons passer des vacances dans l'Algarve. b. Si vous aimez la musique latine, apprenez à danser la salsa ! c. Envoie-moi le lien dès que tu peux/pourras.

3 a. Quando b. Enquanto c. Se d. Sempre que

4 Subjonctif futur : a, c, d.
Subjonctif imparfait : b.

5 disser

6 a. ganharam/ganhar b. quiseram/quiseres
c. foram/for d. comeram/comer e. fizeram/fizermos f. abriram/abrirem g. trouxeram/trouxerem h. souberam/souber

7 a. puserem b. estiver c. falarmos d. vierem
e. fizer

8 a. for b. crescerem c. virem d. disseres
e. puder f. tivermos

9 a. feed de notícias b. seguidores
c. visualizações d. influenciador
e. redes sociais

10 1. c 2. b 3. a 4. e 5. d

11 a. CURTIR b. EMOJI c. COMENTÁRIO
d. PARTILHAR

14. Futur du subjonctif (2)

1 Infinitif personnel : a, c, d, f.
Futur du subjonctif : b, e.

2 1. b 2. a 3. b 4. b

3 a. coreógrafo b. convidar c. rodopiar
d. passos e figuras e. sapateado

4 a. cenografia b. bailarinos ; girar c. salsa
d. decorar e. kizomba

5 1. c 2. b 3. a

6 quiser ; tiverem ; preferirem ; desejarem ; souberem; houver; puder; estiverem

7 aula ; compartilharem ; viral ; seguidores ; virem ; coreografia ; estiver ; terá ; for ; Quem ; Sempre que ; brilhará

8 a. Só pode participar, quem tiver reservado.
b. Enquanto não tiveres aprendido os passos, não poderás dançar salsa. c. Assim que tiver chegado a casa, adicionarei mais stories.
d. Quando tiverem encontrado um lugar para filmar, avisem-me.

9 a. tiverem visto b. tiverem feito c. tiveres aceite d. tivermos terminado e. tiver escrito
f. tiver descoberto g. tiverem treinado

15. Passé et plus-que-parfait du subjonctif

1 a. tenhamos encontrado b. tenha dormido
c. tenham visto d. tenha dito e. tenham sido
f. tenhas tido

2 a. tenhas passado b. chegaram c. tenham escrito d. tenhamos vindo e. tenham feito
f. bebe

3 a. tenham viajado b. tenha sido c. tenhamos visitado d. tenhas dito

4 a. vantagem b. equipagem

5 a. escala b. classe c. hospedeira

6 a. mão b. porão c. perdidos d. aterragem
e. embarque f. passageiros; bordo g. voo

7 mala ; tenha sido ; tenha preenchido ; efetuaram ; tenham efetuado ; vermelha ; tenha posto ; aeroporto ; companhia aérea

8 Fraldas, soro fisiológico, puré arroz cenoura, biberão, compota mirtilo maçã.

9 a. Se tivesses tido mais cuidado, não terias perdido a mala. b. Eles tiraram uma boa nota embora não tivessem estudado muito.

SOLUTIONS

10 a. tivesse vivido b. tivesse comprado c. tivessem encontrado d. tivéssemos ido e. tivesses oferecido

11 a. [ks] b. [s] c. [z] d. [z] e. [ch] f. [ch] g. [s] h. [ks] i. [ch] j. [ch]

16. Discours direct et indirect

1 a, c, e, f, h

2 1. f 2. d 3. b 4. c 5. e 6. a

3 a. Ela perguntou-nos onde é que íamos de férias. b. Eles disseram que observariam os pássaros. c. Ele afirmou que tinha feito a pesquisa no dia anterior.

4 a. Imparfait b. Conditionnel c. Plus-que-parfait

5 1. d 2. c 3. b 4. a

6 a. Ela disse que se chamava Valérie e que tinha um visto de residência como reformada. b. Eles disseram que queriam arrendar o seu imóvel e que precisavam de alguém para geri-lo. c. O ministro anunciou que os reformados receberiam subsídio de férias melhorado. d. Ele declarou que as vantagens fiscais para refomados estrangeiros tinham inflacionado o mercado de habitação.

7 a. certificado energético b. condomínio c. empréstimo ; taxa de juro d. notário ; escritura e. alvará f. imóvel

8 a. O Thierry é um reformado estrangeiro e mais precisamente de nacionalidade francesa. b. Mudou-se para Portugal porque a sua pensão não lhe permitia viver confortavelmente em França. c. A Laetitia é agente imobiliário.

9 a. O Thierry contou que eles tinham comprado uma casa com jardim numa região rural onde aproveitavam dando longas caminhadas na natureza. b. A Laetitia explicou que Portugal estava na moda, que era um país atrativo e que muitos estrangeiros queriam investir e comprar imóveis.

10 a. emprestasse b. quisesse ; ia c. fizessem d. tivessem ; saíam

11 a. A Fatou disse que se fosse a Lisboa, faria pesquisas para a sua tese/a tese dela. b. Explicou que queria que renovassem o seu visto/o visto dela. c. Afirmou que quando acabasse a tese, regressaria a Dakar.

12 a. O agente imobiliário pediu que assinassem a escritura de venda. b. A Ana disse que precisava daquele empréstimo e que esperava que o pedido dela fosse aceite. c. O Tó sugeriu que comprassem casa na região Centro. d. Explicou que quem quisesse comprar um imóvel em Portugal tinha de ter um número de contribuinte.

13 a. Se puder, envie-me a ficha técnica da habitação. b. O preço do metro quadrado é bastante atrativo. c. Instalámo-nos em Portugal em 2018. d. Emprestem-me dinheiro.

14 1. d 2. a 3. e 4. b 5. c 6. f

15 a. Terraço b. Sala de jantar c. Aquecedor d. Ar condicionado e. Assoalhado f. Lava-louça g. Persiana h. Avaliação imobiliária

17. Portugais d'Afrique

1 1. Cabo Verde, c. 2. Angola, b. 3. Moçambique, a.

2 a. Aceita só o convite por favor. b. Tem muita gente. c. Voltei no escritório. d. Eles não puseram nem a mesa. e. Diz só à Nilza para ir connosco na festa. f. Antigamente não tinha internet.

3 a. no b. não ; nem c. só d. tem e. Teve

4 b. Ele nem veio trabalhar.

5 a. machimbombo b. guito c. mata-bicho d. maka

6 a. A b. P c. A/P d. A

7 a. Já tomaram o pequeno-almoço? b. Queres uma pastilha elástica? c. Gosto de andar de bicicleta. d. Faço ginástica todas as manhãs.

8 a. pouquinho b. amigo c. perdido d. rapaz e. frigorífico f. cerveja

9 a. A b. F c. P d. A e. P f. F

10 comigo ; terra ; guerra ; irmãos ; liberdade

11 a. [a] b. [é] c. [o] d. [é] e. [a] f. [ou] g. [è]

12 contigo; foste; amor; Preciso; queres; acabou; falam; perdi; mais; estás; Onde; fores

127

TABLEAU D'AUTOÉVALUATION

Bravo, vous êtes venu(e) à bout de ce cahier ! Il est temps à présent de faire le point sur vos compétences et de comptabiliser les icônes afin de procéder à l'évaluation finale. Reportez le sous-total de chaque chapitre dans les cases ci-dessous puis additionnez-les afin d'obtenir le nombre final d'icônes dans chaque couleur. Enfin, découvrez vos résultats !

	🙂	😐	☹️		🙂	😐	☹️
1. S'exprimer en contexte professionnel				10. Formation des mots dérivés			
2. Correspondance écrite				11. Mots composés et leur pluriel			
3. Rédiger un courrier formel				12. Plus-que-parfait simple de l'indicatif			
4. Entretien d'embauche et recrutement				13. Futur du subjonctif (1)			
5. Modification et contraction des pronoms compléments				14. Futur du subjonctif (2)			
6. Futur et conditionnel				15. Passé et plus-que-parfait du subjonctif			
7. Mésoclise				16. Discours direct et indirect			
8. Gérondif et formes progressives				17. Portugais d'Afrique			
9. Équivalents de *on*							

Total, tous chapitres confondus ....

Vous avez obtenu une majorité de...

 Excelente, parabéns!
Excellent, bravo !

Vous maîtrisez maintenant le portugais à un niveau intermédiaire, vous êtes fin prêt pour passer au niveau suivant !

 Nada mal...
Pas mal...

mais vous pouvez encore progresser ! Refaites les exercices qui vous ont donné du fil à retordre en jetant un coup d'œil aux leçons !

 Tente novamente!
Recommencez !

Vous êtes un peu rouillé... Reprenez l'ensemble de l'ouvrage en relisant bien les leçons avant de refaire les exercices.

Crédits iconographiques : Shutterstock. Crédits des extraits de chansons utilisés : p. 64 : *Sei de um rio*, Camané, Alain Oulman / Pedro Homem de Mello ; p. 64 : *Canção do mar*, Dulce Pontes, Ferrer Trindade / Frederico de Brito ; p. 64 : *Zê Cacilheiro*, José Viana, Carlos Dias / Paulo Da Fonseca ; p. 92 : *Desafinado*, João Gilberto, Antônio Carlos Jobim / Newton Mendonça ; p. 118 : *Mariquinha*, Bonga, José Adelino Barcelo de Carvalho (Bonga) ; p. 119 : *Te amo*, Calema, Antonio Mendes Ferreira / Fradique Mendes Ferreira / Nelson Gilberto Fortes Heleno / Manuel Leal Emidio Costa / Nadia Vasconcelos / Erdzan Saidov / Nelson Anibal Semedo de Sousa.

Mise en pages : Élodie Bourgeois pour Lunedit
Réalisation : lunedit.com
© 2024 Assimil
Dépôt légal : mars 2024
N° d'édition : 4313

ISBN : 978-2-7005-0949-6
www.assimil.com
Imprimé en Pologne par Dimograf